「対話力」

仲間との対話から学ぶ授業をデザインする!

国立教育政策研究所
総括研究官
白水 始

東洋館出版社

まえがき

「対話力」というタイトルの本書を手に取ったあなたは、きっとこの本を読めば「対話する力」が手に入ると思っていたのではないかと思います。しかし、この本は「個人が対話する力を身に付ける」方法について書かれたものではありません。そうではなく、「対話」自体に人の考えを変える力があること、つまり、「対話がもつ力」について書かれたものです。

〝なぜ対話に人の考えを変える力があると考えられるのか〟それが本書のテーマの一つです。さらに、もし「人」ではなく「対話」のほうにそんな力があるのなら、どんな人にも「対話力」はあることになります。学校での子どもたちの学びを例に、それを示すことが、本書のもう一つのテーマです。

*

本書は、この二つのテーマを追求するために、対話を通して賢さを育てる「協調学習」の授業づくりの取組を基盤にします。具体的には、筆者が深くかかわっている東京大学CoREF（CoREFについては第6章で詳説します）と自治体との連携による「知識構成型ジグソー法」を活用した協調学習実践研究プロジェクトを例に話を進めます。この10年間にわたる実践にもとづいて言えることをたった一つ挙げるとすれば、次のことばに尽きると考えます。

「対話から学ぶ力は、誰にでもある」

一つの問いにみんなで答えを出そうとする協調学習の場では、対話が考えの違いをもたらし、その違いを一人ひとりが何とかまとめようとして、各自の考えが深まります。自分で確信をもっていた答えも対話すると壊れてしまう。不安になる。けれど、対話していくとよりよいアイデアや表現が見えてきて、確信のもてる新しい答えが見つかる。だから、安心できる。しかし、その答えにもまた、次に問うべき問いが潜んでいることに対話を通して気づいていくので、さらに学び続けていくことができる。

こうやって、自分の考えを「壊して、つくって」深める学びが、小学生でも可能です。けれど、その誰もが生まれながらにしてもつ力を、子どもたちがいつも使っているかというと、そうではありません。

その力を引き出す対話の場が適切に用意されていること、さらに、そうした場を日ごろから繰り返し経験していることの二点が必要だからです。もし個人に何らかの「対話力」の多寡があるとすれば、この場数をどれだけ踏んできたかによるでしょう。

＊

世は対話の時代と言われ、市民の集いや街角のワークショップ、あるいは企業のイノベーション研修にも対話が採り入れられるようになりました。その一方で、国内外の政治からは、対話が急速に消えつつあると感じている方も多いでしょう。世の中の変化が激しくなり、不確実なことが増えれば増えるほど、それを確かなものに見せかけるためには、対話が不都合だからです。「私は正しい、あなたが間違っている、以上」こうやって話を終わらせておけば、物事は単純に見えます。

自分の考えが不完全であるという当たり前の事実を認め、叫ぶのをやめて相手の話を聞き、自分の考えが変わっていくことを恐れず、楽しんでいけるか、そうやって互いを高め合う文化をつくり出し発展させていくことができるか――これからを真の対話の時代にしていくために、そんなことが問われているように感じます。

＊

そこに「研究」が役立ちます。対話には、熱中すればするほど、問題に答えを出したり新しいアイデアを思いついたりするのに忙しすぎて、どうやってそれが問題解決やアイデア創生に結びついたかを、当人たちは意識できないというジレンマがあります。「認知科学」と呼ばれる研究分野は、対話を記録にとってつぶさに見直し、一人ひとりがどう考えを深めたのかを分析して仮説をつくってきました。こうした仮説をもとに「学習科学」という分野が学校内外での人々の学習を支援し、その実践をもとに仮説を理論へと高めていこうとしています。

「**協調学習**」は対話の仕組みを学びに結びつけたものであり、その実現のための一つの手段が、本書で紹介する「**知識構成型ジグソー法**」です。

第1章ではその授業例を一つ紹介し、第2章では対話で人の考えが変わる仕組みを検討します。

第3章では「知識構成型ジグソー法」で授業がどう変わり、子どもがいかに学ぶか、第4章ではそれをどう評価することができるかを学びの深さとも絡めて論じます。第5章では授業づくりからの先生の学び、第6章では自治体と研究者の学び、そして第7章では教育の未来について見えてきたことについて語ります。

本書を通して、あなたにも「対話力」があることを実感していただき、ご自身の対話の場を見直したり、新しい対話の場をデザインしたりするヒントが見つかれば、このうえない喜びです。
なお、子どもたちの「対話力」を引き出す授業デザインは、「知識構成型ジグソー法」以外にも多様にあります。ですので、本書を「知識構成型ジグソー法」やCoREFのプロジェクトそのものに興味をもって読んでくださるのも歓迎ですし、ご自分の取り組んでいる授業研究や所属している組織に置き換えながら読んでくださることも歓迎です。
本書は東京大学やたくさんの自治体をはじめ産官学民の方の支えがあって刊行できたものです。何のために協調学習の実践に取り組んできたのか、何をどこまで達成できたのか、これから先にどんな人々のネットワークをつくっていきたいのか。私たちの現時点のまとめをご覧になった多くの方々と対話をはじめられれば幸いです。

この取組をはじめられた、いまは亡き三宅なほみ先生に、本書を捧げます。

2020年3月吉日　白水　始

第3章 「知識構成型ジグソー法」と子どもの学び

第6章　学びのネットワークをつくる

第7章 対話から創造へ

第1章

国境を超えて

1　二つの授業

夏。ちょうどスコールが止んだばかりの、扇風機しかない教室。

場所はフィリピン、セブ島のマンダウエ総合高校。

はじまったのは、数学の授業。11年生（日本の高校2年生に相当）。

課題は、単利・複利計算の単元の導入で「1万ペソを5年間預けるときに、複利の銀行と単利の組合のどちらに預けたほうがよいか？」というものでした。この課題を解くために、生徒たちは三つの異なる資料を読み合わせて考えます。

一つの資料は、お金を単利で預けた場合に、元本と利息がどう変化するかを計算しながら学ぶ資料（「資料A」と呼びましょう）、もう一つの資料は、複利で預けた場合の同様な資料（資料B）、最後が単利と複利の利息額を表したグラフから読み取れることを考えるもの（資料C）でした。資料Cは、一目で複利のほうが単利より有利と見えないように、横軸・縦軸の尺度を変えてあるところが工夫です[①]。

さて、この授業をつくったのが誰だったかと言うと、日本の進学校に当たるような「理数系（STEM）クラス」担当のロザリー・エスピノーザ（Rosalie S. Espinosa）先生と、日本の進路多様校に当たるような「実業（Technical, Vocational and Livelihood）クラス」担当のフェルバート・アティーロ（Felbirt L. Atillo）先生という二人の若い先生でした。

フィリピンは、2015年に学制が6・4・2年（それまでは6・4年で終わり）になったばかりで、まだ高校が少なく、それで同じ学校にこれだけレベルの違う生徒が通っているのです。二人の先生は、レベルの違う生徒がそれぞれなりに学べるように、私たちに公開してくれた授業の前に、3回も別クラスで実践を重ね、資料を微調整したうえで、同じ教材をつくって二つの授業を見せてくれたのでした。

さて、理数系クラスの公開授業では、ロザリー先生はパワーポイントも上手に使いながら、次のようにとても自然な導入を行いました。

「貯金箱（piggy bank）って知っている？　そこにずっとお金を貯めていったら1万ペソも貯まったのよ。それで友達に相談したら、お金を預けたらいいんじゃないと言われたんだけど」

〈注①〉授業は、2017年8月24日実施。

課題に一人ひとりが自分の考えを書いた後、クラスを3等分して、先述の資料A、B、Cのどれか一つをグループで読みます。このクラスの生徒たちは、資料を受け取った途端、その内容を話しながら考え、考えたことをもとに計算などをしていきます。

その後、クラス全体で席替えをして、資料A、B、Cという違う資料を読んだ三人が集まって新しいグループをつくります。そのとき、資料Aの単利の説明をした女子生徒が、資料Bの複利の説明をしはじめた女子生徒のワークシートを見て「ねえ見て、（単利と違って）1年ごとに利息を計算し直している！　もしかしてこういうことじゃないの？」と代わりに説明すらしてくれます。このようにして、全員で最初の課題に対する答えをまとめ上げていったのです（**資料1**）。

最後のグループごとの発表では、指名された全グループで代表の生徒が一人ひとり立ち上がり、流暢な英語で正解とその理由を発表してくれました。

正解は、同じ金額を単利と複利で預けるのですから「複利が有利」ということになります。理由の肝は、「複利は、利息の計算対象に元本だけでなく利息も含むから、利息がさらに利息を生むことになる（The interest from previous year also earns interest.）」というものですが、生徒たちはそれをグループごとに微妙に異なる表現で発表してくれたのです。生徒たちはもちろん、視察に来ていた他の学校の先生や教育行政の人たちも大

資料1　フィリピンの子どもたちの学び合う様子

満足という授業でした。

その証拠に、授業の最後にもう一回最初の問いへの答えを書いてみると、5分ほどの時間、ペンを止める生徒がいないほど、しっかり答えを書いていました。

これに対して、フェルバート先生の実業クラスでは、授業がはじまってもスマートフォンを触っている男子生徒がいます（ここらへんはどの国でもあまり変わらない模様です）。そして、授業の導入で先生が「いまのフィリピンの問題は？」と聞くと、生徒たちから元気よく「麻薬！」「殺人！」という声が上がります。先生は「貯蓄」という答えを期待していたので、導入にもひと苦労です（フィリピンの国民はその多くが給料のほとんどを給料日に使うそうです）。

さて、この生徒たちが何とか最初の課題を把握して、自分の考えを一人ひとり書くと、その段階では「安全そうだから銀行に預ける(I choose bank, because it is safer.)」と答える生徒もいました。数学的な判断ではないわけです。

資料の読解活動では、理数系クラスのようにまず話し合うのではなく、一人ひとりが黙々と関数電卓を使って問題を解いていく姿が見られました。その後、先生の促しで仲間と答え合わせしながら話し合いました。これは、とりあえず「できること」(作業)からその意味(何をしたのか)へという流れ、すなわち具体から抽象へという流れと言えるでしょう。

たとえば、資料Aには1万ペソを5年間単利で預けたときの元本と利息の表が書いてあり、その5年目のところだけが空欄になっていました。それを計算して、5年間トータルでいくらの利息を得たかなどを答えます。その後、「前の年の利息が次の年に利息を生むか」「単利とは何か」を考えます。

こちらのクラスの生徒は、この表を完成したり利息額を計算したりした後ではじめて、作業結果を材料にしながら、その意味を問う問題に対話を通して答えるという活動の流れになったわけです。

席替えをして三人で資料を交換してまとめるときも、先ほどのクラスのように仲間の説明を聞く前から資料内容を先読みすることなどはなく、まず互いの資料の説明を順番にじっくり行っていきます。

フェルバート先生が教室の真ん中でメイン課題（組合と銀行のどちらにお金を預けるか）のワークシートを握りしめて立っていたので、私が「何をしているの？」と尋ねると、

〝I'm waiting.（待っているんだ）〟

と答えてくれました。ちゃんと生徒のやり方を予想していたのです。

そして説明が終わった頃を見計らってシートを配ると、生徒たちは一筋縄とはいかないまでも、徐々に答えに近づいていきます。

グループ間の発表では、指名された各グループとも三人全員で前に出て来て、説明します。けれど、説明が頼りないので、一番前のグループをはじめ、他のグループが助け舟を出そうとします。

最後のグループ（授業の最初にスマートフォンをいじっていた男子生徒がいたグループ）に至っては、英語での説明の最中に〝Because simple interest is not compound.（だって単利は複利ではないから）〟という説明にならない発言をしました。その後、英語ではむずかしかったのか、母語であるビサヤ語に戻って説明をはじめました。

これに対して、フェルバート先生は最初〝Speak in English!（英語で話して）〟と制し

ましたが、それでもビサヤ語に戻ってしまう生徒の姿に、意を決したように私たちに向けて英訳をはじめてくれたのでした。発表後は拍手に包まれます。

それでも、このクラスではまだ単利・複利の理解に至っていない模様でした。しかし、発表後に「金を借りるなら単利と複利のどっち？」というフェルバート先生の問い返しに、クラスは興奮しはじめ、例の授業冒頭にスマートフォンを触っていた男子生徒が「単利！」と叫び、「だって複利だと利子がさらに増えていくんだから」と答えました。複利での借金の増え方をイメージすることで、複利と単利の概念も腑に落ちた様子でした。その概念とは、すなわち、利息であっても利子であっても、「複利はその元本・元金にプラスした部分（利息・利子）までを次の元本・元金とする」ということです。

その証拠に、もう一度最初の問いに答えを書くと、ちゃんと「複利」のほうが預金には有利と書いて、その理由を各人なりに記述できていたからです。

2　違うところと同じところ

同じ課題に同じ資料を使ったはずのロザリー先生とフェルバート先生の授業がこれだけ違ったように、授業での子どもたちの学びには、いつもたくさんの「違うところ」―

多様性―が見つけられます。クラスの一人ひとりの子どもの学びを追えば、そこにはもっとたくさんの「違い」が見えてくるでしょう。

その一方で、その違いをもう少し遠目から見ると、子どもたちはいかにつまずき、理解を深め、学んでいくのかについての「同じところ」―**普遍性**―が見えてきます。

授業などの学びの場は、つねにこうした「違い」と、その違いにもかかわらず、大きく見ると「同じところ」とにあふれています。その両方を丹念に追いながら、**一人ひとりの子どもの学びを大切にしつつ、全員がより深く学ぶことができるような授業をデザインすることが、「授業を研究する」ということ**でしょう。

フィリピンの二人の先生の授業で言えば、どちらのクラスの生徒にとっても、単利と複利の概念は学びがいのあるものだった、という共通点をまず指摘することができます。大人にとっては当たり前に思える内容が、子どもたちには十分学びがいがあるのです。

さらにその**学び方は、生活経験に密着した経験則ベースの具体的な理解から、具体的な経験則を抽象的なことがらと結びつけた、より概念的で適用範囲の広い理解へと進んでいく**ものでした。

すなわち、授業の最初は「お金を預けるときには安全そうな銀行に預ける」といった経験則で考えていたところから、単利・複利の計算方法やその意味という抽象的な概念を「借金は利子も含めて雪だるま式に増える」といった適切な経験則と結びつけて、自分なりの長持ちする理解をつくり上げていきました。

そして、その具体から抽象へと進む理解や抽象から具体に戻って納得するという往還的な学びに、仲間や先生との対話を通して、資料の内容を何度も言い換えながら結びつけていくことが役に立っていました。

これは後に紹介する、日本のどこの学校でも見られる協調学習における理解深化の姿です。その意味で、**たとえ国籍も民族もこれまでの学びの経験が違っていても、子どもたちの対話から学ぶ力というのは普遍的に存在している**と言えるでしょう。

その一方で、二つのクラスには、資料を読み込む活動のときに、すぐ「話し合いながら考えられる」か、「まずは作業してから話し合う」か、という違いがありました。

また、資料内容を交換するときには、メイン課題の解決を見越して「互いの資料を理解し合おうとする」か、それともまず資料の交換を作業的に行ってから「交換した内容をもとにメイン課題を徐々に考えていく」か、という違いがありました。

答えをクラスに発表し合うときにも、一人がグループを代表して英語のみで明快に「わかったことを説明する」か、グループみんなで母語も頼りにその場で「わからないことをさらに考えながら説明をつくる」か、といった違いがありました。

おそらく、ロザリー先生の理数系クラスの生徒たちは、課題内容と活動目的両方の理解に支えられて、より積極的な学習態度を見せていたのだと言えます。これに対して、フェルバート先生の実業クラスの生徒たちは、その時その場でできることをこなしながら、その活動結果を材料にして、ゆっくりと理解を深めていったと言えます。

しかし、このどちらが「正しい」学び方だ、という話ではありません。どちらを引き出せる授業が「正しい」教え方だというわけでもありません。そのどちらもが、そのクラスにいる子どもたちにとって、その時点で一番自分たちの学ぶ力を発揮しやすいものになっているかどうかが重要なのです。

そして、子どもの力を引き出す授業をデザインするためには、今回見た二つのクラスのように、次の二点を「当たり前」の前提としてしっかり確認しておくことが大事です。

●理解を深めるタイミングやペースは子どもによって違うこと
●それでも、どんな子どもでも理解を深めていくことができる授業デザインが必ずあること

3　二つの言語

前述の授業は、埼玉県が国際協力機構（ＪＩＣＡ）と展開している「草の根技術協力事業：埼玉版アクティブ・ラーニング型授業による授業改善のための教員研修支援」の一環で行われたものでした。私たち東京大学CoREFは、その事業のお手伝いをしています。事業では、フィリピン共和国教育省第7地域事務所の先生方と埼玉県の先生方とが協調学習の授業づくりについて学び合うことができるかに挑戦しています。

なぜ、埼玉県とフィリピンが協働しているのか、そもそもCoREFとは何か、CoREFと埼玉県はどのような経緯で連携してきたのかなど、様々な疑問が浮かぶと思いますが、それはこの後の章でゆっくり解説していきます。

さて、この事業において私たちは、フィリピン側に協調学習の授業づくりについての情報提供や支援を行ったわけですが、その一方で、私たちはフィリピンの英語教育について多くのことを学びました。それほど、児童・生徒の英語で話しながら考える力やプレゼンテーション能力は目を見張るものでした。

セブ国立科学高校（日本の中学校相当）で「どうやって英語を勉強してきたら、そんなに話せるようになる？」と聞くと、ある女子生徒は「私たちは理科とか数学とかは小学校3年生から全部英語でやるから」と答えてくれました。

続けて、「昨日参観した小学校ではマイナスを扱っていたのだけど、あなた方の母語（ビサヤ語）にはあるの？」と聞いてみると、「一語でマイナスを正確に表す語はない。だから英語で学ぶ必要があるの。それで私たちは家に帰って親など普通の人に話すときにはなるべくわかりやすく、明快に語る責任があるんだ」という答えをもらいました。その受け答えには、家族や街を代表して学ぶ志まで感じられて印象的でした。

外国語教育の面で言えば、高等教育で扱う概念まですべて日本語に訳されている日本と違い、**中等教育以上の内容は直接英語で学ぶしかないという制限が、「授業を英語で行う」という〝All English〟に必然性をもたらしている**と言えるでしょう。

教科内容を英語で学び、そのなかで英語の使い方自体も学ぶ学び方をＣＬＩＬ（Content and Language Integrated Learning：クリル）と称しますが、科学的・専門的概念が母語に訳されていないという状況が、必然的にＣＬＩＬを要請するとも言えます。

それでは、高度な概念の翻訳が済んでしまっている日本の英語教育に未来はないのでしょうか？　人が学ぶというのはどういうことかという点から考えてみると、英語教育についても新しい未来が見えてくるかもしれません。

学ぶということは、専門的な概念を自分たちの経験で納得できることばに言い換え、使うことば（用語）のレベルを上げていきながら、ことば同士を結びつけて語ることができるようになることだと言えます。

フィリピンの子どもたちは、この「言い換え」を英語の世界のなかで、小中高の長い時間をかけてやっている（やらざるを得ない）わけです。街のおもちゃ屋や本屋がたくさんの英語にあふれているという意味では、小中高どころか、就学前からかもしれません。それが英語と概念の学習を共に進めるのです。

先述の授業では、単利（simple interest）や複利（compound interest）という英単語と概念とを同時に学び、かつ、それらの概念が貯金（saving）や借金（borrowing）、元本（capital）などの言葉と結びついた形で豊かになります（認知科学の用語で言えば「**精緻化**」します）。

一方で、日本の子どもたちには、ほとんどの専門的概念が日本語に訳されているという蓄積のうえで、母語での概念の言い換えを教科等の学習のなかで積み重ねている強みがあります。

もし、日本の子どもたちが、英語が単にプレゼンテーションやコミュニケーションのためだけのスキルではなく、それが母語と同じように、ことばを言い換えながら対象を理解したり言いたいことを表現したりする手段だと理解することができれば、日本の子どもたちには、日英両方の言語のなかで言い換えを楽しめる強みがあると考えられます。

フェルバート先生のクラスで、生徒たちがビサヤ語に戻って何とか言いたいことを表現しようとしていたように、話しながら考え、ことばを言い換えて、多様な表現を積み重ねながら考えを変えていくときに、母語は頼りになります。その意味で、〝**back stage talk〟に使える思考のゆりかご**[2]**としての母語の強みと、それを足がかりに複数の言語を学んでいく強みとが、日本にはある**と考えられます。

それだけではありません。日本語のある表現（たとえば「生きがい」や「思いやり」「粋」「もったいない」「おもてなし」など）を英語で言ってみようとして適切な表現が見つからず、それをいくら違う表現で「言い換えて」みたところで違和感が残るという体験を、多くの読者のみなさんはしたことがあるでしょう（逆に英語の〝agency〟〝commitment〟〝accountability〟〝stakeholder〟なども日本語では表現しにくい概念ではないでしょうか）。

こうした**概念を「翻訳」できないことで、私たちは自分たちの思考や認識がどれだけ文化に縛られているかを自覚する**こと、つまり、互いにわかり合えないことを通じて、

〈注②〉本章と同じ事業を対象にした論考：小河園子（2018年）。「2017年度研究報告 思考の器としての母語について～大村はま先生の言葉を読み返しながら～」『自律した学習者を育てる英語教育の探求⑼―小中高大を接続することばの教育として―』⑼：91―99。

自分たちの認識の限界や制限を意識することができます。その先には、どの言語にも表現しがたいようなアイデアや対象がこの世にはまだあることに気づくことができるでしょう。**対話を通して、私たちは自分の知らないことに気づく**のです。

第2章

対話から学ぶ仕組み

1　授業デザインを支える「認知科学」

第1章では、生徒が答えを先生に教えてもらうのではなく、自分たちでつくり上げていく授業例を紹介しました。

生徒たちは話し合いながらワークシートの問題を解き、わかったこともわからなかったことも仲間に伝え合って、考えをまとめ、答えをつくりました。その答えは生徒同士やグループ同士で少しずつ違ってもよいし、その違いに触れながら、生徒はいつでも考えを深めたり、わかり直したりすることが許されていました。

こうした授業のデザインは、学習者が自分で問題を解いて考えを出してみる「**外化**（externalization）」や、その考えを仲間と話し合って深める「**対話**（dialogue）」、その考えの変遷をもとに自分の学びを振り返る「**内省**（reflection）」の仕組みに基づいています。「対話」ということばを少し広い意味で使えば、それぞれ、モノとの対話、人との対話、自分との対話と言えるでしょう。

本章では、こうした授業デザインの根拠となる理論、つまり「**なぜ対話が人の理解を深めると考えられるのか**」を紹介していきます。この考え方は、人の「賢さ」を研究してきた「認知科学」から出てきたものです。

人にどう働きかけたら何が起きるかという「心」の理（ことわり）の学が心理学だとしたら、特に**思考や判断など「認知」の過程に賢さを見定めて研究し、結果を現実に応用しようとしたのが認知科学**だといえます。

そこで、この授業デザインが「理論の科学」としての認知科学からどう生まれてきたかを見ていきましょう。

2　内外相互作用：ことばの役割

学びは、一人ひとりの子どもが経験から積み上げてきた知識やものの考え方などの内的なリソース（資源）と、その場にあるモノや人などの外的なリソースとの相互作用（interaction）**―内外相互作用―**で生じます。この二つの世界をつなぐのに、「ことば」が重要な役割を果たします。

そこで、本節では、ことば[①]を中心に、学びにとっての内外相互作用の意味を考えていきましょう。

(1) ことばの獲得による喪失

みなさんが急に「馬を描いてみて」と言われたら、どんな絵を描かれるでしょう？　しかも「なるべくリアルに、本物の馬みたいに」と言われたら…。

資料1（左）は、ナディアという少女が5歳のときに描いた絵です。とても写実的です。しかも、これは昼間外で見た馬を家に帰って描いたものだそうです。このように彼女は3歳頃から好んで動物の絵を描き出しました。

次に**資料2**は、今から約3万年前にフランスの洞窟に描かれた絵です。こちらも非常

〈注①〉本書では、「ことば」の種類を細かく分けて、その働きを定義することは行いません。

たとえば、鈴木・横山（2016「コトバを超えた知を生み出す：身体性認知科学から見たコミュニケーションと熟達」組織科学、49(4)、4―15）は、対象物を指す名詞、その性質を示す形容詞、関係を示す動詞の組合せで経験を分析的に表現しようとすると、聴覚的・視覚的・触覚的側面がこぼれ落ちるが、それをオノマトペはよく表現すると主張しています。

こうした整理は重要ですが、授業における子どものことばの使い方は、こうした図式に収まらない柔軟性・多様性をもちます。そこで、大くくりに「ことば」の論考を進め、先生方一人ひとりが教室状況でその詳細化を行うという路線をとりたいと考えます。

資料1　ナディアの絵

ニコラス・ハンフリー著、垂水雄二訳『喪失と獲得』2004年、p.127、131より引用

資料2　ラスコーの洞窟壁画

ニコラス・ハンフリー著、垂水雄二訳『喪失と獲得』2004年、p.127、143より引用

に写実的です。

両者の絵を見比べてみると、よく似ていることがおわかりになると思います。とても上手ですが、どちらも天才画家なのでしょうか？

その一方で、ナディアは馬に乗った騎手の顔だけは「へのへのもへじ」のように雑に描き（資料1〈左〉）、洞窟画の描き手はバイソンの横に倒れている人物だけは「棒人間」のごとく雑に描いています（資料2〈左〉）。

これは、なぜなのでしょうか？

実はナディアは自閉症児で、6歳までは十分に話すことができませんでした。洞窟壁画の時代の人々も、人や対人関係を表すことばはもっていましたが、馬やバイソンを表すことばはもっていなかった可能性があると言います。

そこで、進化心理学者のハンフリー[2]は、ナディアと洞窟壁画の描き手は共に、バイソンや馬という対象を指し示すことばをもっていなかったからこそ、それを見たまま描くことができたのではないか、という仮説を提唱しています。

私たちは馬を描いているつもりでも、自分のもつ「馬」のイメージを描くだけで、「ありのまま」を描くわけではありません。ところが、ナディアたちは、ことばをもたないからこそ、見たものを細部まで覚えて再現できたのではないか…。

逆に、ナディアたちも、人や人の顔に対してはある程度のことばをもっていたため、「顔は二つの目と一つずつの口や鼻からなる」「人は二本ずつ手足をもつ」などの知識の枠組み（「スキーマ」と言います）にしたがって絵を描き、それによって、**ことばで分節化されたところが誇張され、それ以外は欠落した**とハンフリーは考えたのです。その証拠に、ナディアはことばを獲得するにつれて、描画能力を失っていきました。

人はことばをもつことによって、経験を抽象化し、その場から別の場所に運んだり（つまり「記憶」したり）、必要に応じて編集したり、適用範囲を広げて新しい問題の解決に活用したりできるようになった反面、具体的で豊穣な外界の情報をそのまま受け止めることがむずかしくなりました。**ことばが経験の大事なところだけを抜きとって、豊かな細部を落とすことを促した**と言ってもよいでしょう。これをハンフリーは、ことばの「獲得」による「喪失」だと説明しています[③]。

だからといって、人はことばを捨てるわけにはいきません。**問題は、豊かな外界の状況や、そこで得た自分の体感、イメージや気づき、考えをどれだけ丁寧にことばにしていけるか**でしょう。それらをうまくことばにすることが「学ぶ」ということの一つの意味だと言えるかもしれません。

〈注②〉Humphrey, N. (2002). The mind made flesh. Oxford: Oxford University Press.（垂水雄二訳『喪失と獲得』紀伊國屋書店、２００４年）

〈注③〉「言語隠蔽（verbal over-shadowing）効果」とも呼ばれます。
たとえば、ビデオに出てきた人の顔の特徴を詳しく「ことば」で記述した後で、複数の人の顔写真からその人を選ぶと、言語的な記述を行わない場合に比べて、正答率が下がります（Schooler, J. W., & Engstler-Schooler, T. Y. (1990). Verbal over-shadowing of visual memories: Some things are better left unsaid. Cognitive Psychology, 22, 36-71.）。

(2) ことばと学び

子どもたちが何かをできるようになるとき、その成績はいつも右肩上がりに向上するものでしょうか？　そこに、ことばはどうかかわるのでしょう？

たとえば、**資料3**のようないろいろな形の積み木を細い金属製のレール（平均台）の上で釣り合わせるように子どもたちにお願いすると、年齢によってでき方はどう変わるでしょうか？

積み木には、中央で釣り合わせられる標準的なもの（**資料3**のAタイプやBタイプ）もありましたが、直方体の端に木片の重りが貼ってあって重さが偏っているもの（C、Dタイプ）や、ちょっと意地悪ですが端に見えない重りが埋め込まれているために重心が中心にないものもありました（E、Fタイプ）。

実験には4歳から9歳の子どもたち67名が参加しました。年少（4歳半から5歳半）、年中（5歳半から7歳半）、年長（7歳半以上）の3グループに分けてみると、もし右肩上がりに伸びていくのなら、年少が一番できないことになるはずです。しかし、驚いたことに、「年中が一番できない」という結果になりました。何が起きたのでしょう？

年少組は、積み木を任意の点でレール上に載せ、傾いて落ちてしまったら支点をそちら側にずらし、行き過ぎたらまた戻してということを繰り返して、どの積み木でもバラ

資料３　積み木のバランス課題

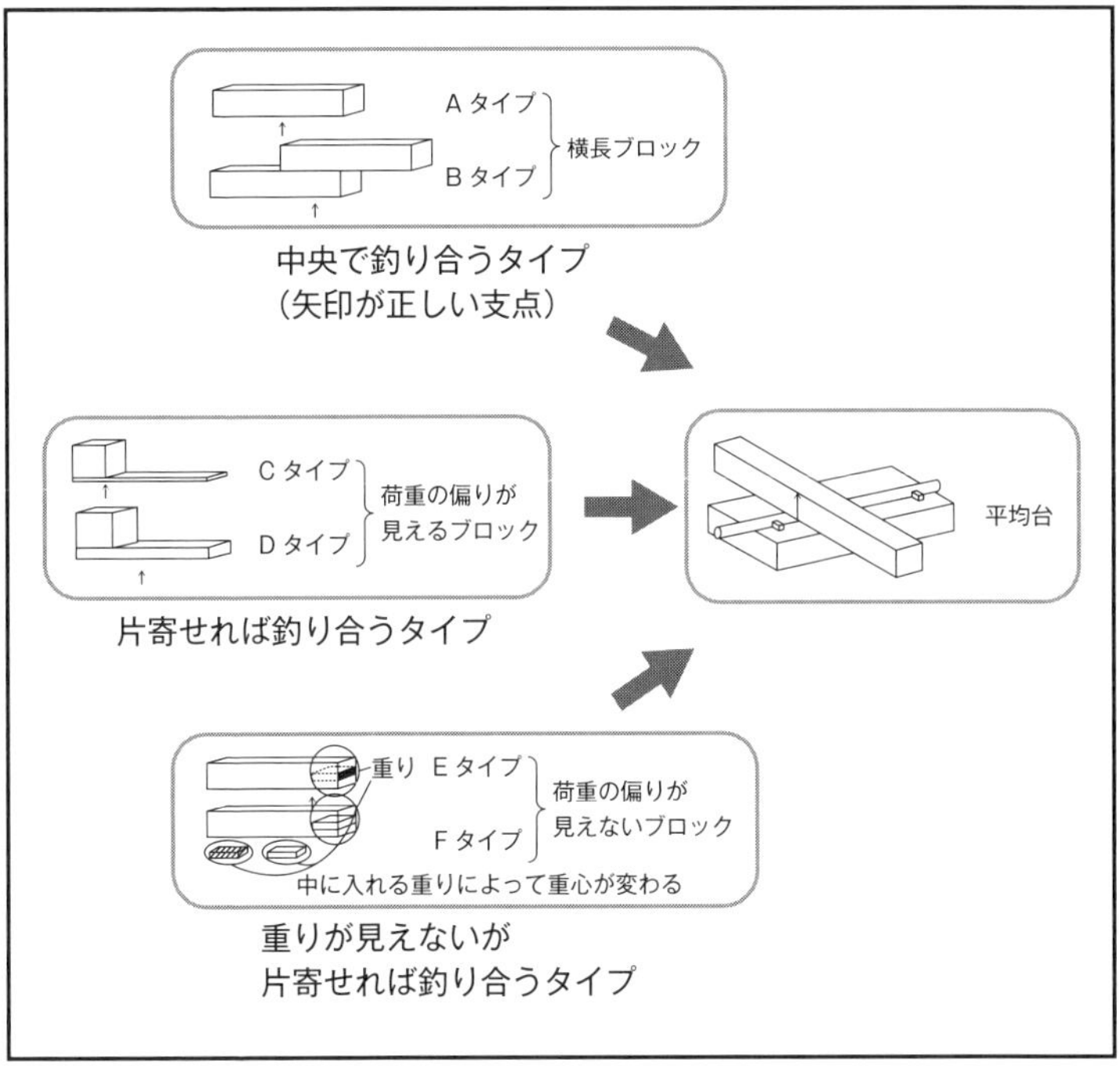

ンスをとることができました。ただし、どんな積み木を順に試すかについては、何の一貫性もありませんでした。

これに対して年中組は、標準的なタイプＡやＢの直方体の積み木はすぐにできましたが、重心が中心から偏っている積み木（タイプＣ〜Ｆ）についても、まず見かけ上の中点でバランスを取ろうとしました。

「モノはいつだって真ん中で釣り合うんだ」とはっきりことばにする子どもも

いました。ところが、このタイプの積み木ではうまく釣り合わせられないため、「(この積み木は)バランスがとれない!」と言って投げ出してしまう子どももいました。

それが年長児になると、中心で釣り合わない場合はちょっと間を置いて考え、重みに応じた微調整を繰り返したり、「たまに片方だけ重いときがあるから注意しなくちゃいけないんだ」と言いながら、積み木を持って支点の見当をつけたりすることで、どんな積み木も釣り合わせることができました。

全体として、積み木のバランスをとる課題の成績という点では、年少児と年長児がよく、年中児がその間で一度スランプに陥るという「U」字のカーブ―発達のU字曲線―を描く結果になりました。

実験を行ったカーミロフ・スミス[4]は、この結果を子どもたちが発達の過程で「理論」をつくり、それを精緻化させていく過程として説明しました。

年少の子どもたちには、どんな条件で釣り合うかという理論がありません。だからこそ、積み木がどんな速さでどっち側にどれぐらいの勢いで倒れるかを直感的に理解して、その体感をフル活用して問題を解くことができるのです。言わば、からだで個別具体的なケースに反応している状態です。このような「からだでできることがある」というのも人間の賢さの一つです。

この「まずできる」段階を超えると、子どもはその「できてしまうこと」をもとに、自分にとってわかりやすい中核部分からことばにしていきます。

それが、年中児の「すべてのモノは真ん中で釣り合うべし」という理論です。この理論は「長さ」という変数にしか注目していない点で不完全ですが、子どもなりに正しいと信じているので、全部の積み木に試します。しかし、課題には中央で釣り合わない積み木も含まれているので、失敗するわけです。

けれど、この時期の子どもたちは失敗を失敗として認めず、積み木のほうがおかしいと考え、理論に固執することで、成績を下げることになります。⑤

〈注④〉Karmiloff-Smith, A. & Inhelder, B. (1974). If you want to get ahead, get a theory. Cognition, 3(3), 195-212. この実験は、繰り返し次のような良書でも論じられてきましたのでご参照ください。
○稲垣佳世子・波多野誼余夫『人はいかに学ぶか―日常的認知の世界―』中公新書、1989年
○三宅なほみ「教室で、思考力・判断力・表現力を育成する」『産業と教育』平成26年8月号、2~7頁、2014年
○佐伯胖「学習の『転移』から学ぶ―転移の心理学から心理学の転移へ―」『心理学と教育実践の間で』157~203頁、東京大学出版会、1998年
○Schon, D. (1983). The reflective practitioner: How Professionals Think in Action. New York: Basic Books.（佐藤学・秋田喜代美訳『専門家の知恵―反省的実践家は行為しながら考える』ゆみる出版、2001年／柳沢昌一・三輪健二監訳『省察的実践とは何か―プロフェッショナルの行為と思考』鳳書房、2007年）
〈注⑤〉面白いことに、この時期の子どもたちも体感をなくしているわけではなく、目をつぶって釣り合わせると成功するそうです。しかし、目を開けて「長さ」を見た途端、理論に固執してしまうのです。

資料4　バランス課題に見る子どもの学び方

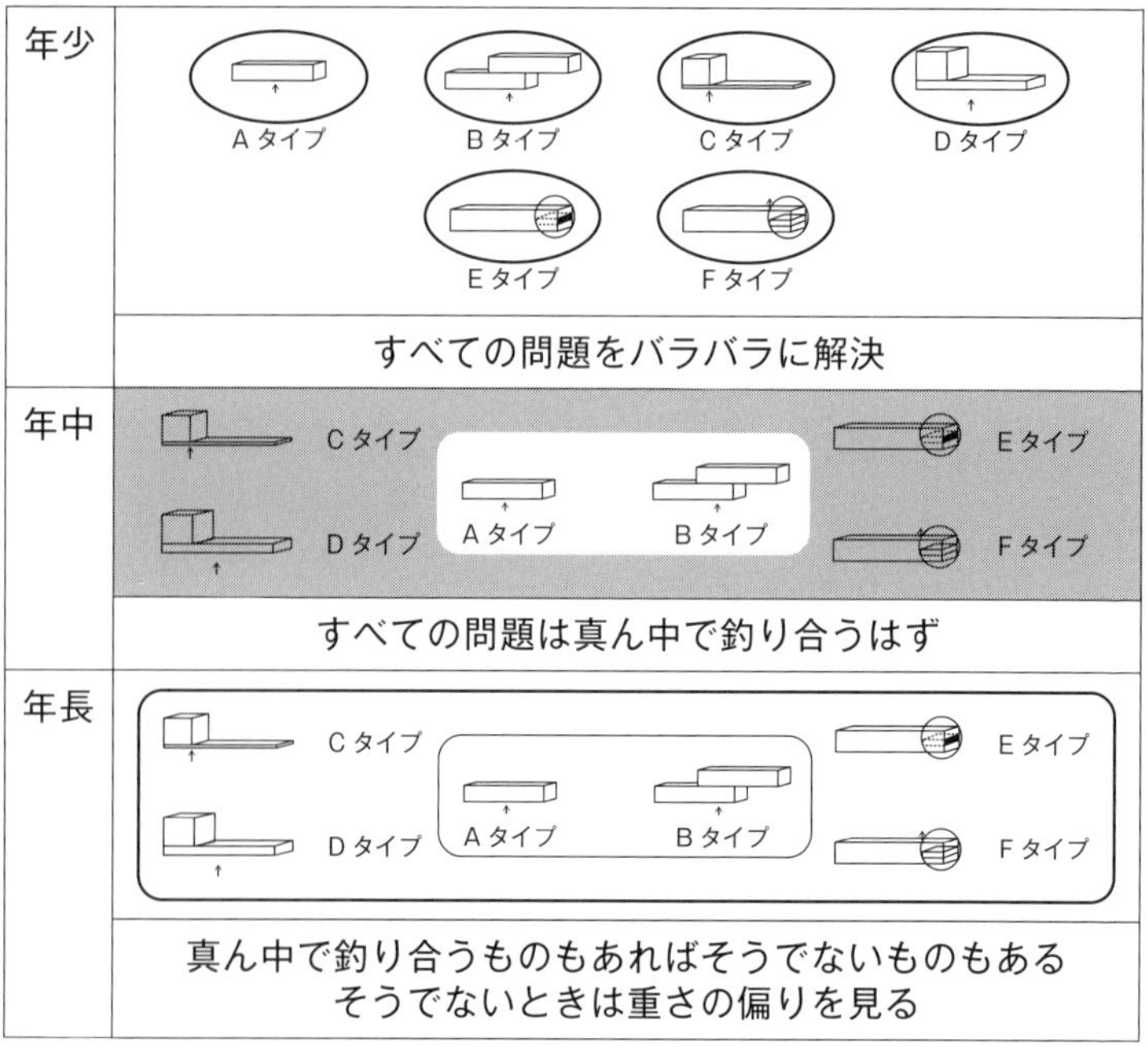

これに対して、年長の子どもは、真ん中で釣り合わないタイプの積み木についても、積み木ではなく、「理論」を疑問視します。それによって、失敗例にも視野を広げ、「からだ」を開いて体感を得ることで、長さと重さの両方を勘案した、精緻化された理論を再構築します。しかも、この時期には年少児と違い、自分がどういう考え方で釣り合わせているのかを「ことば」で説明できるようにもなります。

この事例からは、学びのデザインを考える際の二つのヒントが得られます。

①子どもの考えや理解の深まりを知りたいときは、単にできるかどうかだけでなく、それをどう説明しようとするかという「ことば」も聞きとることが重要である。

②子どもが上達していく際、途中で素朴な考え方に固執したり、スランプに陥ったりしたとしても、それ自体が「世界を整合性のあるものとして捉えていこう」とする表れだと見ることができる（むしろ、ことばで単純化するからこそ、自分の理論が当てはまる対象とそうでないものとの「区別」が付きやすくなる）⑥。

〈注⑥〉言語や数、描画など多くの分野で同様の現象が見られます。

英語母語話者の子どもは"went""feet"と正しく言っていても、途中から"go-ed""foot-s"といった誤った言い方を（教えられたわけはないのに）勝手にしはじめます。「過去形は語尾にedをつける」「複数形はsをつける」といった規則を自分なりに構築するためです。それが後になると、ことばによる説明つきで、規則動詞と不規則動詞などを使い分けることができるようになります。

この「課題が単にできる」状態から「わかる」状態に変化するとき、心の中の表象も、ばらばらな事象を個別に扱う表象から、それらの表象をリフレクションして、ことばによって事象をコントロールする表象へと変化していきます。カーミロフ・スミスはこれを「表象書き換え理論」として提唱しました。

○Karmiloff-Smith, A. (1992). Beyond modularity: A developmental perspective on cognitive science. Cambridge, MA: MIT Press.（小島康次・小林好和監訳『人間発達の認知科学―精神のモジュール性を超えて―』ミネルヴァ書房、1997年）

前頁の**資料４**のようにまとめると、**学びとは、自分の経験した個別具体例に対して自分なりにわかりやすいまとめをつくってみて、それが適用できる範囲とそうでないものとがあることを知り、想定外の事例にも適用できるまとめへとつくり直していくこと**で、適用範囲の広い知識をつくっていくことだと言えます。

(3) 見方を変える

上記の例で不思議なのは、どうして子どもはいったん囚われてしまっていたモノの見方を変え、スランプを抜け出せたのか、ということでしょう。

興味深いのは、年中児でも目を閉じればできるように、外界の情報を完全に無視しているわけではないということです。見方を変えるための材料はもっているけれど、それを「ことば」が阻んでいるとき、人はどうやって見方を変えていけるのでしょうか？

カーミロフ・スミスは「発達によって」という答えを用意していましたが、もっと短時間で見方を変えることはできないものなのでしょうか？

こうした問題のヒントとなる面白い実験があります。まず**資料５**の絵を、５秒間ご覧になって、後で描けるくらい目に焼きつけてください。

何に見えましたか？

ある動物に見えたと思うのですが、実はこの図形、見方を変えると別の動物にも見えてきます。頭のなかのイメージを見直してみてください。

いかがでしょうか？

どうしても見直せないという場合は、近くの紙に先ほどの絵を描いてみてください。二つ目の動物が見えてきたでしょうか？

種明かしをすると、この図形は、「両義図形」と呼ばれる一つの絵に二つの見方ができるものでした。その一つはウサギです。左側に耳、真ん中に目、右側に小さな口があります。もう一つはアヒルです。今度は左

資料5　実験図形

がくちばしになります。

この実験⑦を大学生35名にやってもらうと、イメージだけでは誰も「別の見方」に気づきませんでした。ところが、イメージを絵に描いて見直すと、全員が違う動物を見つけ

〈注⑦〉 Chambers, D. & Reisberg, D. (1985). "Can mental images be ambiguous?" Journal of Experimental Psychology: Human Perception & Performance, 11, 317-328.

ることができました。

実験を行ったライスバーグは、頭のなかのイメージを外界に表してみることを「外化（externalization）」と呼びました。[8] 彼の実験結果は、**頭の中ではできなかった「見立て直し」が外化する**とできることを示しています。

外化にはなぜそんな効果があるのでしょうか？ 人はあるイメージをしっかり頭に焼きつけたと思っても、実は自分が見立てた「アヒル」や「ウサギ」というラベルでそれを覚えています。だから、簡単には見立て直すことができません。

しかし、描いてみると外の世界に「モノ」として存在することになるので、違う解釈ができるというわけです。

この過程を図式化すると、**資料6**のようになります。

①提示された図形は複数の解釈ができても、その複雑なありのままを覚えられないので、自分の理解した記号（ラベル）として記憶する。
②そうすると、細部が省略されたり曖昧だったりするうえに、ことば（ラベル）が邪魔をして見立て直せない。
③ところがそれを描画すると（資料6の中央と下は参加者が描いた実際の絵をトレース）、「心の眼」で

は見えなかった部分まで視野に入ってきて、いろんな方向・角度から見直すことができる。

④それによって対象全体を別のものとして見立て直し、新しい解釈が可能になる。

資料6　両義図形の見立て直し過程

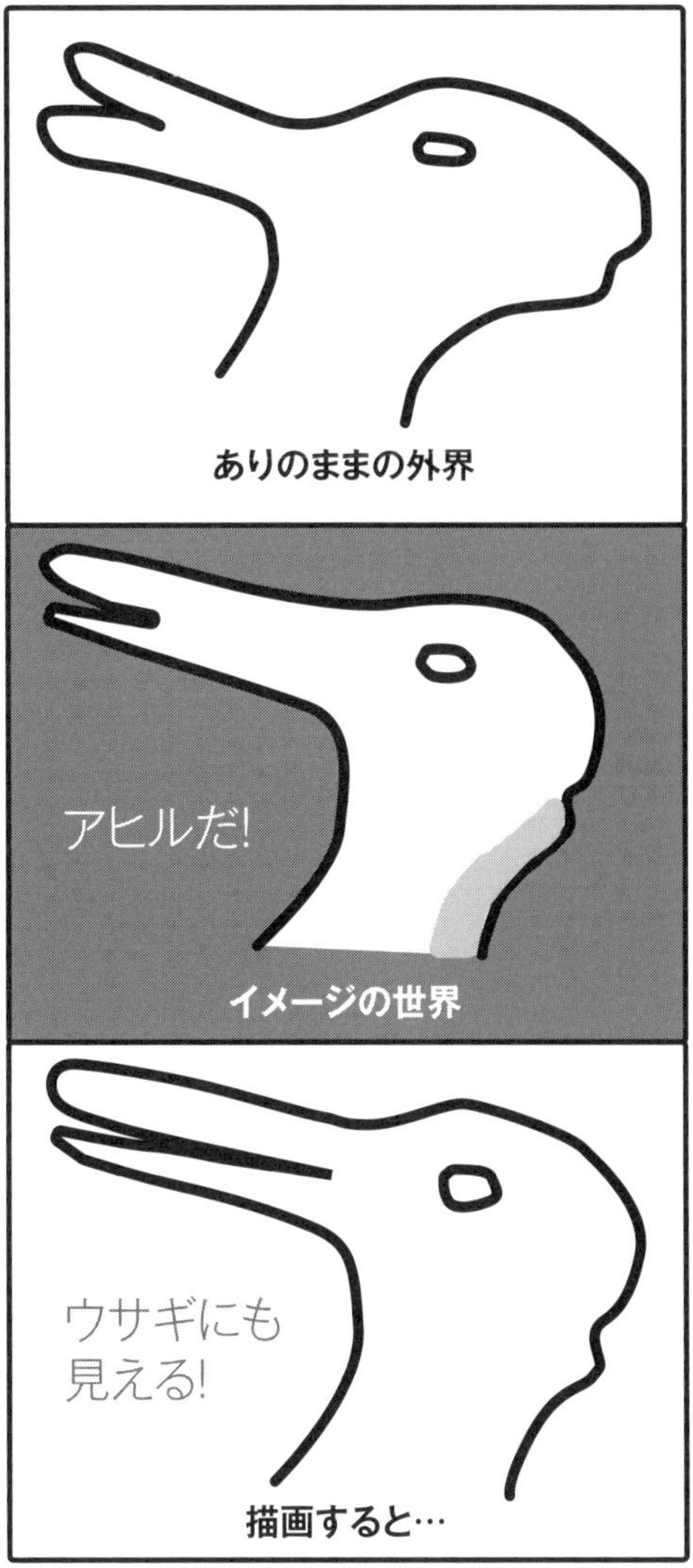

〈注⑧〉Reisberg, D. (1987). External representations and the advantages of externalizing one's thoughts. In Proceed-ings of the 9th annual conference of the cognitive science society (pp. 281-293).

「外化」という用語を認知科学の分野で使った最初の例でもあります。「可視化（visualization）」「見える化」という概念にもつながっていきました。

(4) まとめ：内外相互作用としての学び

人はことばをもった時点で、外界をありのままに捉えたり、からだだけを使って直感的に問題を解いたりすることがむずかしくなりました。その意味で、**豊饒で複雑な外界をそのまま受け止める能力を喪失した代わりに、「ことば」で複雑な現象を単純化して、その本質を捉える能力を獲得した**と言えます。

しかし、ことばは外界と対応していないことや、その一面しか指し示せていないことも多いので、積み木実験のときのように何度も試して結果を確かめ、自分の考えやモノの見方を外化して見直すことで、現実とことばをすりあわせていくことが必要です。

このように、外界を見たいように見ることを促し、一つの見方や考え方をとるように方向づける「ことば」の世界と、見方を拡げるための材料を得ることに役立つ「からだ」の世界とを何度もダイナミックに行き来しながら、人は徐々に自分の見方や考え方を変え、豊かにしていくのでしょう。

それでは、この見方や考え方を変えること―視点転換―に他者はどう役立つのでしょう？　ライスバーグの実験では、実験者が参加者に何度も「違う見方はできませんか」「図の右側や左側を見たらどうですか」と聞いていました。単に外化して「モノと対話」するだけでなく、こうした他者の働きかけがあってはじめて、人は考えを変えるものなのでしょうか?

3　建設的相互作用：対話の役割

次に、「人との対話」の役割について考えてみましょう。同じく自分の考えを外化する場面でも、一人でいるのと、隣に同じ問題を考えている仲間がいるのとで、考えの変化の仕方に違いがあるのでしょうか? もしそこに違いがあるのなら、対話には参加する人の考え方を少しずつ変えていく力がある可能性も見えてきます。

(1)　一人で問題を解くと…

正方形の折り紙1枚と鉛筆1本を渡されて、「この折り紙の4分の3の3分の2の部分に斜線を引いてみてください」と頼まれたら、あなたはどんな風にこの問題を解くでしょうか?

折り紙を4等分に折って、開いて、その3分の2を探して…というように折り紙を変形して問題を解くでしょうか。それとも「全体の4分の3の3分の2だから、3/4×2/3を計算して、2分の1の部分に斜線を引こう」と頭のなかの計算で解くでしょうか。

250名以上の大学生にそれぞれ一人でこの問題をやってもらうと、9割以上が計算せずに折り紙を折ったり目印をつけたりして解決しました。

第1試行に「4分の3の3分の2」の部分に斜線を引く課題をお願いし、第2試行に分数の順序のみ「3分の2の4分の3」と入れ替えた課題をお願いしても、計算する解法に移る人は2割しかいませんでした。

そこで（彼・彼女らを「分数ができない大学生だ」と糾弾するのではなく）折り紙を使って解いたプロセスを詳しく分析してみました。すると、この実験の参加者たちは「4分の3をつくってからその3分の2の部分をつくる」という2段階の手間をかけた解法をとりがちで、しかも解決の途中で、4等分に畳んだ折り紙をあたかも「全体の4分の3ができていること」を確認するかのようにいったん開いてから3等分しがちなことが見えてきました。

一人で問題を解くと、「二つのステップで課題が解けるはず」という仮説を立て、どう解くかのプランをつくります。さらに、そのプランにしたがって折り紙にできた折り目も確かめるので、できあがった答えを見直して「あ、全体の半分ですね」と気づきはしないということです[9]。だから、分数の順序を変えた第2試行でも、第1試行でうまくいった解法は変えなかったと考えられます。

モノと対話しているはずでも、一人で問題を解いていると、自分の見たいようにしか見られないと言えます（こうした「勝手に」自分の考えをもつことを「主体的」と言うのであれば、人はつねに主体的だと言えるでしょう）。

(2) 二人で問題を解くと…

ところが、この同じ問題を2人で解いてもらうと、解いているうちに最初とは違うやり方の「計算で解く方法」に気づくペアが全体の6割も出ました。

単独とペアの違いは、第1試行の「4分の3の3分の2」の問題を解くプロセスの中にありました。対話の典型例を紹介します。場面は、話者Aがまず折り紙を4等分して開いたところです。

〈注⑨〉できあがった答えを前に「答えはどうなりましたか？」と聞いたところ、全体の3割の人しか「半分です」と明言しませんでした。詳細はこの研究の原典をご覧ください。

Shirouzu, H., Miyake, N., & Masukawa, H. (2002) “Cognitively active externalization for situated reflection.” Cognitive Science, 26(4), pp.469-501.

1. A「これをさらにふとん折りすれば、3分の1ができるじゃん、わかる？」
（4分の3をさらに3等分しようとしている）

2. B「4分の3…、ああ、4分の3の3分の2だろ。なら4分の3の3分の2ってここじゃんhhh」
（4分の3の3分の2を4等分の折り目の中に見つける）

3. A「バカ、おまえバカhhh、半分じゃん？！ これじゃhhh」

4. B「4分の3ってどこだ？ ここだろう。これの3分の2、どこだ？」

5. A「おっっ、ほらhhhh（答えの箇所を同定する）。あ、そうじゃん、掛け算すりゃいいじゃん（計算に気づく）。」

※「h」は呼気。主に笑い声を表す。

まず、Aが1行目で自分のプランにもとづいて「4分の3の部分」に注目してそこを3等分しようとします。すると、この過程を見ていたBが2行目で折り紙にできた折り目を眺めて、これから3等分すべきところがすでにあることに気づきます。

つまり、ペアで問題を解く場面でも、人はまず外的な認知リソース（モノ）を使って「手続き的・作業的」に問題を解こうとします。けれど、そこで一人が解き手・考えの話し手―これを「**課題遂行者**（task-doer）」と呼びます―として問題解決を進めると、それを見守る人・聞き手―「**モニター**（monitor）」―が少し広い視野から見直すことができるのです。実際、この「3分の2ができていること」への気づきは、すべてのペアでモニターから出されていました。

この課題遂行者とモニターの役割分担は固定的ではなく、たとえばモニターだったBが、4行目では課題遂行者となって折り紙を取り、4等分された3つ分のうちの2つを指して、確かに「ここに3分の2がある」ことを説明します。

すると、5行目で聞き手に回ったAが、今度はモニターとして折り紙全体を視野に収め、答えが全体の半分に当たるなら、計算でも問題が解けていたことに気づくという役割交代が起きています。ここまで来ると、最後に気づいたほうの人（この例だとA）が第2試行で分数の順序が違うだけの問題を聞くと、すぐ計算するというわけです[⑩]。

計算に気づいたペアの過程をまとめると、次頁の**資料7**のようになります。真ん中に変化していく折り紙の形とその見方、上下にそれぞれの段階での発言例とその役割を示しました。

〈注⑩〉問題解決から学んだことを次に生かすことを「転移」と呼びます。転移はなかなか起きにくいと言われるのですが、この実験の場合は100％転移が起きます。

資料7　対話で考えが変わる仕組み

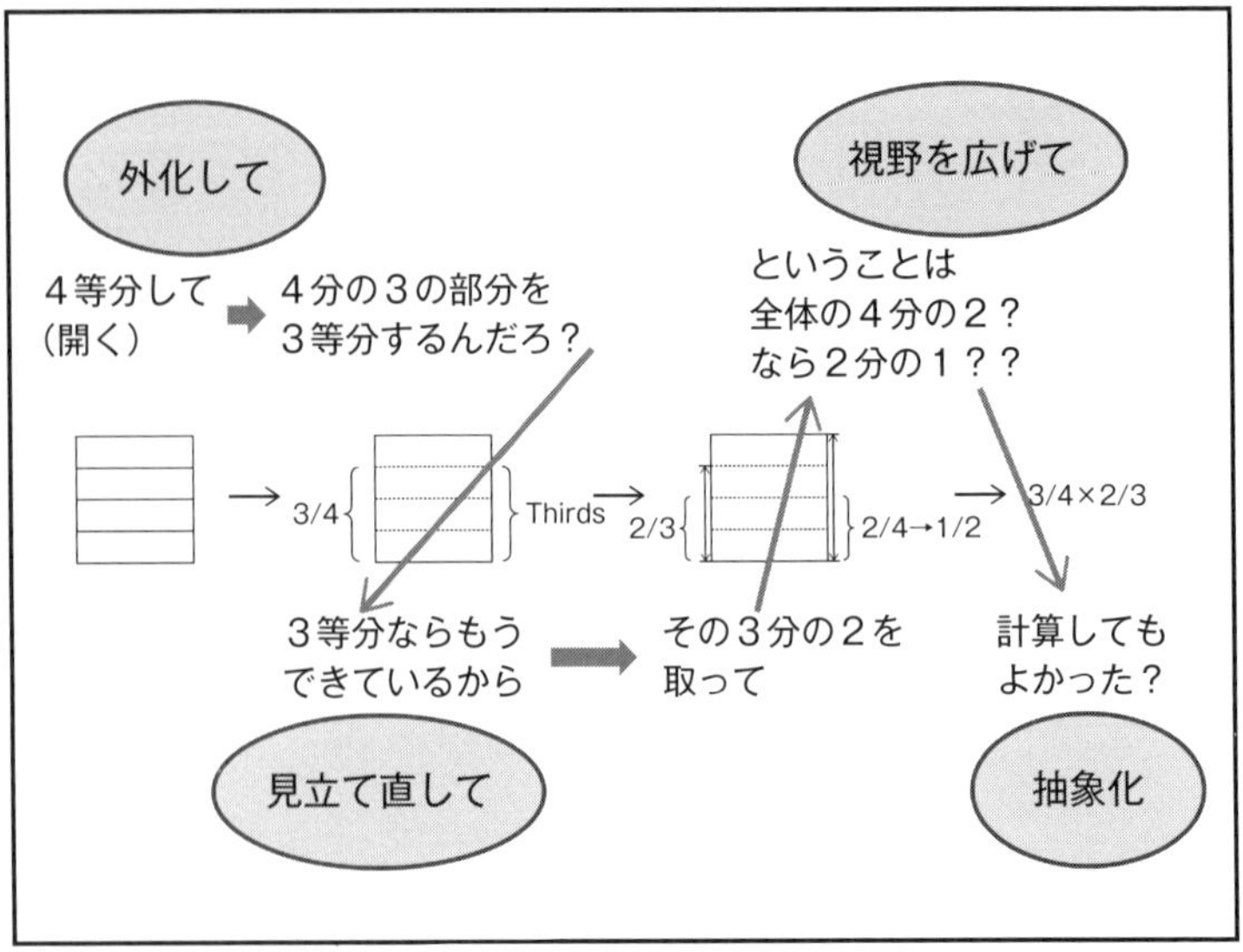

課題遂行者がモノ（折り紙）を使って考えを「外化」すると、その外化物（折り目）に対してモニターが違った視点から「見立て直して」、（ちょうどウサギをアヒルと見立て直したように）ことばのラベルを貼り替えます。

そうすると、課題遂行者がモニターに回って「視野を広げて」状況全体（折り紙全体）のなかで答えを見直します。それが答えを数学的な意味や知識（分数の掛け算）と結びつけることに役立って、より抽象的な解法（計算で解くなど）への気づきを生むことになります。

複数人が一緒に問題を解く協調的な過程には、具体的なその場の問題解決経験を微妙に異なる視点をとりながら見直し、

互いに説明し合うことで少しずつ抽象化していくメカニズムが内蔵されていると言えるでしょう。

平易に言えば、対話の場では、モノとことばと視野の広がりが結びつくことで問題が解け、そこからさらに深い理解が生まれてくるということです。

(3) 建設的相互作用：役割交代を通して自分の考えを深める

人が人とのやり取りを通じて、自分の考えをより抽象的で適用範囲の広い考えへと変えていくことを「**建設的相互作用**（constructive interaction）」と呼びます[11]。右記の例で言えば、「折るしかない」と思っていたのが、「折ってもよいし、計算してもよい」などといったように変わっていくことです。

みなさんも、よくわかっていないことを誰かと話し合っているうちに、新しい見方や考え方に気づく経験をしたことがあるのではないでしょうか。知らないことを相手が「教えてくれる」から「学ぶ」のではなく、二人とも知らないことを、どちらも自分なりにそれぞれわかっていく場合です。そんな場合に、自然に起きているのが建設的相互

〈注⑪〉Miyake, N. (1986). Constructive interaction and the iterative process of understanding. Cognitive Science, 10(2), 151-177.

作用です。

たとえば、あなたが考えたことを相手に説明しようとすると、思っていたほどはうまく説明できず、まだわかっていなかったところに気づくことがあるでしょう。そもそもナディアたちの描画の例に見たように、「ことば」は常に外界を表すのに不十分で、「ことばに裏切られる」という側面があるからです。

また、話しながら自分の考えの発展性に気づいて、「だったら」「じゃあ」と言いながら、自分の考えを自分で深めることもあるでしょう。折り紙の対話例でも、その典型が3行目や5行目の「これじゃ半分じゃん」「掛け算すればいいじゃん」という表現に見られます（前者は本人も疑いつつ「半分」という表現を我知らず出しています）。

これが話し手としての「**課題遂行者効果**」です。

一方で、聞き手に回ると、話し手の言うことが自分の考えていたことと完全に一致することはまれなので、自分の考えを相手の考えと突き合わせる必要が出てきます。ただし、聞いているときは、当然ですが黙って考えられるので、その余裕を使って少し抽象的な視点から状況を見ることができます。

というよりも、実は、聞き手が話し手のことばの背景にある意図やプラン、ことばになるまでの経緯を完全にはわからないからこそ、「少し抽象的な視点」から状況を突き放して眺めざるを得ないのです[12]。折り紙の対話でも、Aが1行目でやりたいことを説明しているとき、聞き手のBはAの「2ステップで問題を解く」というプランを完全には共有できていない、いからこそ、折り目をぼんやり眺めて、新しい見方を思いついています。

これが聞き手としての「**モニター効果**」です。

モニターは、同じ状況にいながらも、課題遂行の役割から解放されているために、飛躍的な提案をできることがあります。

たとえば「ミシンの縫い目はどうできるか」を説明する課題に取り組んだ二人のうち、理解のペースが相手より遅く問題解決の主導権を握っていなかったモニターのほうが「（紙の上で縫い目の形を考えている最中に）実際のヒモを使って考えること」を提案したり「ミシンのパネルを外して中を見ること」を提案したりしがちでした[13]。

〈注⑫〉鈴木・横山（2016）は「話者は特定の状況を伝えようとするが、言語のもつ抽象性、それがもたらす情報の貧困化が、状況の微細な、しかし重要な要素を捨象してしまう」と述べ、だからこそ、「場の共有には、コトバが取りこぼした、しかし決定的に重要な情報を提供する可能性がある」と主張しています。これを協調場面に拡張して考えると、参加者はその場を共有しながらも、ことばで伝えられることは、話し手にとって微細だが重要な要素を捨象していると考えられます。そして、聞き手であるモニターは、要素が捨象されるからこそ、自分なりの視点でことばを受け止め、状況を見直すことができるでしょう。このように、ことばが状況の「フック（かぎ針）」となりつつ、そのすべてを伝えきらないからこそ、次の「微細な、しかし重要な要素」を見いだしていくことがつながるのではないでしょうか。

〈注⑬〉Miyake（1986）同書

さて、このようにモニターが自分の思いついた新しい見方や提案を説明しはじめると、話し手（課題遂行者）の役を買って出ることになりますので、最初の課題遂行者がモニターの側に回ります。

すると、その考えは自分と「違い」、かつ、往々にして「新しい」ので、驚きが生じます（折り紙の対話例でも3、5行目に感情表現が見られます）。考えが違うと、不統一感や答えへの未到達感が残るので、異なる考えをまとめたくなって、さらに考えが進みます。その際、モニターの立場で少し余裕をもって状況を見直すことができるので、少し広い視野で新しい見方や提案を検討することができるわけです。

この役割交代を連綿と繰り返しながら、人の理解は対話のなかで深まります。

こうした社会的なかかわりのなかで知識や理解が深まるとする考え方を「**社会的構成主義**（social constructivism）」と呼びます。建設的相互作用は、知識の「社会的構成」が起きるメカニズムの一つだと言えます。

他者との対話は、自己のなかにも対話を引き起こします。「これが答えだと思っていたのに、どうして違う答えがあるんだ？」、あるいは「こうも解けるのか！」など、自分の古い考えと新しい考えとの対比やそれを通した感情との向き合いを促します。これが「**内省**」と呼ばれる心の働きです。

内省を通すと、人は次に解きたい問題や、やりたいことが見つかって、より主体的に、なります。たとえば、折り紙課題では、2ステップの解法で解こうと思っていたのに計算できることに気づいた参加者のほうが、続く試行で問題を計算で解くことを提案していました。

4 教室に建設的相互作用をもち込む

対話[14]を記録にとって振り返ると、そこから豊かな示唆が得られます。

たとえば、モニターの役割の重要性からは「人が黙っていても考えている」「むしろ考えているからこそ黙ってしまうのかもしれない」ということが見えてきます。それは、教室での子どもの「沈黙」や行為の「間（ポーズ）」の見方を変えるでしょう。モニターの飛躍的提案からは、考えが遅れていて問題状況から押し出されたように見える子どもの活躍に期待できる可能性が示唆されます。

〈注⑭〉紙幅の都合で少数の研究しか紹介できませんでしたが、認知科学や学習科学には複数人で一緒に問題を解く過程に関する優れた研究（Forman & McPhail, 1993; Okada & Simon, 1997; Roschelle, 1992; Schwartz, 1995; Stenning et al., 2002）が数多くあります。

また、子どもの考えの深まりについても、それがモノとの対話、人との対話、自分との対話を通じて、実に徐々にしか生じない―考えを外化して、見直して、仲間のことばも参考に何とか深めていく―ものだということが痛感されます。内省は、その場のモノや他者など「状況に埋め込まれた（situated reflection）」形でしか起きませんが、起きれば確実に主体的な学びの深まりにつながります。

それでは、こうした建設的相互作用を教室で引き起こすことはできるのでしょうか？

本章で紹介した「他人の意見を自分と違うと感じる」「意見が違ったら突き合わせる」「異なる考えはまとめる」ことができるのは、自分で考える力のある知的に、タフな人たちで、子どもたちとは違うと思ったでしょうか？　子どもたちがおしゃべりしているときは「わかる、わかる」と言い合いながら同意するだけで終わっていると思われたでしょうか？

それが実は「おしゃべり」という状況によるのかもしれない、場を変えて、みんなで一つの問題を解くような状況をつくることができれば、少しずつ違う意見を感じて突き合わせてまとめていくような力を、子どもたちも発揮できるかもしれない―そんな仮説を次章で検討してみましょう。

第3章
「知識構成型ジグソー法」と子どもの学び

1　教室で「違い」をつくり出す――「知識構成型ジグソー法」

本章のテーマは、「人が対話を通して理解を深める『建設的相互作用』の原理を、教室にもち込むことができるか」です。

第2章で見たように、建設的相互作用が起きる鍵は、その場の参加者に、お互いの考えの「違い」が見えること、そして参加者がその違いをまとめて答えを出そうとすることでした。それは、参加者たちが「解いてみようか」「やってみようか」と思える問題があって可能になります。

もし、子どもたちが教室でも「十分な答えが出せないから、みんなで一緒に解きたい」と思える問題に出合えて、「答えの候補も考え方も少しずつ違う」と感じられ、それらをまとめると「もっとよい答えが出せそう」という予感をもつことができれば、建設的相互作用はどんな学校でも起きそうです。

そしてもし、児童や生徒に特別なスキルや前提知識がなくとも、対話的な学びが実現できるのであれば、それは誰もが対話を通して学ぶ潜在的な能力をもっていることの証拠にもなります。

そのために東京大学CoREFが開発し、全国のさまざまな教室で実践してきた授業手法が「知識構成型ジグソー法[①]」です。その手法は、次のシンプルな5つのステップからなります（次頁の資料1）。

①先生から提示された問いについて学習者がまず一人で答えを出し、自分の最初の考えを確かめる。
②問いに答えを出すためのヒントとなる「部品」を小グループに分かれて担当して理解する（エキスパート活動）。
③それぞれ異なる「部品」を担当したメンバーが集まって新しいグループをつくり、その内容を交換・統合して問いに対するよりよい答えをつくり上げる（ジグソー活動）。
④各グループの答えを教室全体で共有・比較吟味する（クロストーク活動）。
⑤最後にもう一度、問いに対する答えを納得いくまで一人で出してみる。

〈注①〉原初的には Miyake, N. & Shirouzu, H. (2006) “A collaborative approach to teaching cognitive science to undergraduates: The learning sciences as a means to study and enhance college student learning”. Psychologia, 49(2), pp.101-113. に見られますが、明示的に「知識構成型ジグソー法」という名称で呼んだのは、三宅なほみ（2011年）、概念変化のための協調過程―教室で学習者同士が話し合うことの意味―『心理学評論』54、328～341頁が最初です。

資料１　「知識構成型ジグソー法」の手法

①問いに一人で答える

②エキスパート活動で専門家になる

③ジグソー活動で交換・統合する

④クロストークを聴き合い、表現を見つける

⑤一人に戻る

クラスで共有した問題に一人ひとりが答えを出して考えを外化し、対話を通して、その考えをつくり変えていくことが授業のねらいです。それによって、一人ひとりの学ぶ力を引き出して学習内容に対する理解を深め、学び方も学んでもらうことをねらっています。

そのために、授業のやり方としては、同じ教室にいる学習者に違う「部品」（内容）を担当してもらう点が多少変わっています。これは、教室のなかに明示的に「違い」をつくり出すためです。

もし、すべての学習者が「日ごろの人間関係や能力、知識にかかわらず、みんなが平等に発言の機会を与えられるべきで、自分の考えは仲間と必ず違うところがある」と思っているのであれば、わざわざ人工的に違う部品を用意する必要はありません。ところが、大学生ですら「同じ先生の講義を聴いたら、みんな考えることは同じ」と思い込んでいることが見えてきて、こんなやり方を取るようになりました。[2]

この手法は、アメリカの社会心理学者アロンソンの「協同学習（cooperative learning）[3]」

〈注②〉経緯については白水始・齊藤萌木（2015）「三宅なほみ研究史―すぐ、そこにある夢―」認知科学22(4)、492～503頁に詳しいです。

〈注③〉佐藤学『専門家として教師を育てる』（岩波書店、2015年）では「分業学習」と訳されています。

のための「ジグソー法」[4]をもとにしています。

アロンソンらのジグソー法は、もともと黒人と白人の子どもたちの融和を促すためのものでした。たとえば、リンカーンの自伝を少年期・青年期・中年期・老年期に分けて担当させ（ステップ②のエキスパート活動に該当）、それらを合わせてはじめてリンカーンの人生が再現される（ステップ③のジグソー活動）ことをもって、「クラスの誰一人欠くことができない存在であること」を伝えようとしていました。

「知識構成型ジグソー法」は、この手法を知的な協調学習を促す方略としてアレンジしました。[5] 対話を通して解くべき問題を明示的に設定し、問題解決を通して、一人ひとりの理解深化を促そうとしました。それでオリジナルのジグソー法に対して、右記のステップ①④⑤をつけ加えたのです。

オリジナルのジグソー法では、社会的な動機づけ（責任感）による相互作用は起きても、一人ひとりが自分の考えを変化させるという建設的な相互作用は保証されていませ

〈注④〉 Aronson, E. (1978). The Jigsaw Classroom. NY: Sage Publications.
〈注⑤〉 アロンソンのジグソーを学習研究に持ち込んだ先駆例として Brown, A. L. (1992). Design experiments: Theoretical and methodological challenges in creating complex interventions in classroom settings. The Journal of the Learning Sciences, 2(2), 141-178. があります。

ん。そこで発揮・育成される能力は、コミュニケーション能力やマネジメント能力にとどまってしまうでしょう。

では、授業に「知識構成型ジグソー法」を取り入れれば、本当に建設的相互作用が引き起こされるのか、学習者個人に焦点を当てて、流れを追ってみましょう。

2 「知識構成型ジグソー法」と建設的相互作用

普通「対話」と聞くと、子どもの元気な声が聞こえる活発なやり取りをイメージします。しかし、自分から発表せず、黙って仲間の話を聞いているような子どもの頭のなかには「対話」が起こっていないのでしょうか。

このことを確認するために、「知識構成型ジグソー法」授業のあるグループで、一番静かだった生徒の学びを追いながら、授業の流れも同時に確認していきましょう。

内容は、中学生理科の「消化と吸収」です。授業を行ったのは亀岡圭太先生（広島県安芸太田町立筒賀中学校・当時）、生徒は2年生の8名です。

授業は、「デンプンの消化と吸収のしくみを説明しよう」を目的として、次の三つの部品を用意しました。どれもA４・１枚の資料ですが、それぞれ図や絵が多用されていて、文章量は半ページほどでした⑥。

●**デンプンの変化**：噛むことや消化液の働きでデンプンが糖に変わる。

●**吸収**：栄養を吸収する小腸では、小さい栄養素だけが小腸の粘膜を通過して毛細血管に入ることができる。

●**栄養素の大きさ**：デンプンとブドウ糖の大きさを詳しく調べると、前者が後者の1000倍くらいとかなり大きい。

授業はプロジェクトの初期（2010年度）になされ、先生も生徒もこの手法に不慣れだったこともあり、2コマかけてゆっくりと行われました。

［ステップ①］問いに一人で答える

「知識構成型ジグソー法」授業は、問いに一人ひとりがまず答えを出してみるところからはじまります。

授業の目的は先述のとおりですが、生徒が答えやすいように、最初の問いは「今もっている知識で、デンプンはどのようにして体内に取り入れられるのかを説明してみよう」とされました。6分ほどの時間で答えます。

生徒は小学生のときにも消化について学んでいて、デンプンという用語は知っています。一方で、その詳細まで完全に説明することはむずかしかったようです。今回フォーカスする茜さん（仮名・以下同様）の解答も、最初は次のとおりでした。

ご飯など、デンプンを含んでいるものを食べて、胃で消化される。大腸など、いろんなところにまわっていくうちに、どこかで吸収されて体内に取り入れられる。

他の生徒も、「口」「食道」「胃」「腸」といったキーワードには触れていて、消化と吸収の大まかなイメージはもっていることがうかがえましたが、その詳細なメカニズムまでは説明できていませんでした。

このように、問いに答えるという行為によって一人ひとりが課題を理解し、自分がどこまでわかっていて、どこからわかっていないのかを自覚することができます。

〈注⑥〉東京大学 CoREF 平成23年度活動報告書において、以下で紹介する分析の一部を読むことができます。なお、実践は2010年10月4日実施。

【ステップ②】エキスパート活動

一人では十分な答えが出ない問いに対する考えを深めるために、先生が厳選した答えの「部品」が先述の資料です。

茜さんたちは約11分間をかけて、3名グループで「吸収」を担当しました。先生が「後で仲間に伝えられるよう、大事なところに下線を引こう」と指示したので、互いに下線を引いたところや資料のまとめを交換し、仲間への説明の仕方を確認しました。

茜さんの資料のまとめは、次のとおりでした。

> 吸収は主に小腸でおこなわれる。小腸の粘膜上にある栄養素が細胞に取り込まれて、毛細血管などに流れていくことを吸収という。

栄養素が小腸で取り込まれることには言及していますが、「小さい栄養素だけが取り込まれる」という他の部品とつながる大事な要素については触れていません。

このように、たとえ不完全であっても、自分なりに答えに近づいた感覚を得て、わかったこともわかっていないことも含めて、次のジグソー活動時に共有する準備を整えるのがエキスパート活動です。

【ステップ③】ジグソー活動

「知識構成型ジグソー法」授業の醍醐味ともいえるこのステップでは、三つのそれぞれ異なる部品を担当した3名が集まって、新しい「ジグソー・グループ」を組み、部品と自分たちの考えを合わせてメインの問いに答えを出せるかに挑みます。つまり、授業中に必ず一度は席替えを行います。

茜さんは、「デンプンの変化」と「栄養素の大きさ」を担当した他の女子生徒2名とともに、「デンプンの消化と吸収のしくみを説明しよう」というメイン課題に対して、約25分で答えを出していきました。序盤は資料の内容交換、中盤からはミニ・ホワイトボードを使ったまとめづくりに時間を費やしていました。

自分の資料を説明した後、茜さんはグループの他の二人が課題遂行役として答えを組み上げていくのをモニターとして聞く側に回りがちでした。しかし、クロストークの準備をするなかで、自分のエキスパート資料から言いたかったことも一言つけ加えていました。他の二人から「デンプンは、噛むとブドウ糖に変わること」「ブドウ糖のほうが、デンプンより小さくて吸収しやすいこと」を聞いて、「小腸で吸収される栄養素は、小さいブドウ糖であること」をつけ加えたくなったのでしょう。

このように、**ジグソー活動では、互いにもち寄った知識の「部品」が違い、それを自**

分しか知らないからこそ、ジグソーパズルのピースを組み合わせるように、対話に貢献したくなるというモチベーションが湧きます。これは、グループへの貢献であると同時に、学び手本人にとっての「知識の構成（組み立て）」にもつながります。

エキスパート活動時の理解が完全でなくても、互いに「自分だけがもつ大事な考え」があるという状況によって、自分の資料の大事なところを再発見できたり、仲間の資料とのかかわりから理解できなかったところを理解できたりするのです。

【ステップ④】クロストーク

次のステップは、先生が設定した同じ問いに対して、各グループが、それぞれどんな答えを出したのかを聴き合う「クロストーク」です。グループ間で「話し手」と「聞き手」の役割を交代する「グループレベルの建設的相互作用」だと言ってもよいでしょう。茜さんたちのグループも、三人そろって教室の前に出てきて、ホワイトボードを使って次の答えを発表しました。

口でかんでいる間に、だ液がデンプンを糖に変えてしまいます。このはたらきをするのを消化液といい、その中には消化酵素が入っています。

例えば、だ液やすい液の中では、デンプンを消化する「アミラーゼ」という消化酵素が入っていて、小腸の内側の表面には「マルターゼ」という消化酵素があります。消化液の中の消化酵素が消化を行う。消化されてデンプンが最後にはブドウ糖になります。

食物を食べられない人は、点滴などによってブドウ糖を与えられるくらい大切な栄養素です。デンプンとブドウ糖の見た目は同じで白い粉だけど、ツブの大きさが違います。デンプンは大きいから水に溶けませんが、ブドウ糖は小さいから水に溶けます。

ブドウ糖になると小腸で吸収されます。小腸の粘膜上にある栄養素が細胞内に取り込まれて毛細血管などに流れます。デンプンがブドウ糖になり、体内に取り込まれます。

この授業のねらいだった消化の「目的（小腸で栄養素が吸収されること）」、「機能（大きすぎるデンプンを小腸で吸収可能な大きさのブドウ糖にまで小さくする必要があること）」「機能の実現方法（歯による咀嚼や消化液・酵素による分解）」という三要素が、それぞれ傍線のとおりに言及されていることがわかります。

しかも、これらの要素はエキスパート資料に含まれていたものの、統合された説明に出てくるような形では資料に書かれていませんでした。つまり、茜さんたちが自分たちでつくった知識だと言えます。

他のグループの発表も挙げてみます。

吸収は主に小腸で行われる。小さい栄養素だけが小腸の粘膜を通過し毛細血管に入ることができる。

↓デンプンのままでは大きすぎる。

↓デンプンより小さいブドウ糖にする。

（ブドウ糖はデンプンを分解することでつくることができる）

↓消化

だ液（アミラーゼ）がデンプンを糖に変える。

口、食道、胃、十二指腸、小腸、大腸を通る間に行われる。そして小腸で吸収される。

茜さんたちの班と同じように、三要素をカバーしていますが、説明の順番が違います。

消化の目的がまずあって、そのための機能と実現方法が後に続く説明です。

これに対するもう一班の発表は、口から順にデンプンがどう変わっていって、どう吸収されるかという流れをイメージしやすいものでした。

デンプンは、最初にだ液の中のアミラーゼによって糖に変えられます。次に通る十二指腸のところで、すい液の中のアミラーゼによってさらに消化されます。次に、小腸の内側の表面から出るマルターゼによって糖はブドウ糖に変えられます。

ブドウ糖はデンプンより小さく、水に溶けます。ブドウ糖は主に小腸で吸収されます。小腸は吸収を効率よくするため、表面に何百万もの柔毛と呼ばれる突起があります。吸収されたブドウ糖は血液で全身の細胞に運ばれます。

このように、授業の最初より質の高まった多様な答えを聞き合いながら、納得できる表現を取り込んで理解を深め、さらに自分の考えをよくしていくのが、クロストーク活動です。「〇〇さんの班と同じなんだけど…」と言いながら、まったく同じ話をする班はほとんどありません。

［ステップ⑤］最後にもう一度自分で答えを出す

「知識構成型ジグソー法」の最後のステップは、もう一度同じ問いへの答えを一人で書いてみることです。

少々しつこく見えるかもしれませんが、一人ひとりが主体的な学び手として学んだことをまとめ直し、自分のことばで表現できるかを試みることになります。それをステップ①の最初の答えと見比べてみることで、「対話を通して考えがよくなること」や「違って見えた考えも一緒にすると答えが出てくること」を自覚する「内省」のチャンスになります。[⑦]

茜さんの最後の答えも、次のように簡潔ながら三つの要素を含み込み、かつクロストークそのものとも違う「自分なりの答え」になっていました。特に、最後の一文は自分の担当した資料から取られたものですが、そこにも「小さい栄養素だけが」という新しい表現が使われていて、茜さんのなかで資料のつながりの理解が深まり、その理解を表す表現が見つかったことが推察できます。

食べ物を口でかんでいる間に、だ液がデンプンをブドウ糖に変えます。このはたらきをするのを消化液といいます。

ブドウ糖は大切な栄養素です。色は同じでも大きさが違います。デンプンは大きいから水にとけないけど、ブドウ糖は小さいので水にとけます。ブドウ糖は、主に小腸で吸収されます。小さい栄養素だけが小腸の粘膜を通過し、毛細血管に入ることができます。

口数が少なく、静かに見えた茜さんでも、この授業のなかで自分なりの静かな対話を通して、消化一般の仕組みが理解できるような方向へと自分の考えを変化させる「建設的相互作用」が働いていたと考えることができるでしょう。

この授業最後の記述は、自分が何をどこまで理解したのか、次に何がわからないのかを整理するチャンスにもなります。そこから、次の学びにつながる「疑問」が見えてくる可能性があります。

実際、上記の授業では、8名中3名の生徒から次の疑問が出されました。

●だ液はどうやってつくられるのか。

〈注⑦〉ただし、書くのは「答え」そのものです。考えの変化を振り返って書くのではありません。問いへの具体的な答えが並んではじめて、内省するに足る材料が生まれるからです。

●胃袋はどうして胃液でとけないのか。
●小腸で吸収されるものと、大腸で吸収されるものがもっと知りたいです。

人は何かを理解してはじめて、自分のわからないことが見えてきます[8]。その意味で、こうした疑問というのは、授業を通じて次に知りたいことが見えてくるような学びが起きた証拠だとも言えます。それと同時に、子どもたちにとっては、自分たちで次の学びにつなげていける「学びの種」にもなります。

＊

ここまで、一つの授業を例に「知識構成型ジグソー法」のステップと、そこで起きる子どもの学びのイメージをお伝えしてきました。いかがでしたでしょう?

「消化と吸収」という、一見簡単に説明できそうで考え出すとむずかしい、なおかつ毎日自分の体のなかで起きているはずの仕組みについて、みんなが考えをもち寄りながら話し合います。そうすることによって、一人ひとりが自分の経験則を外化して見直し、新しく出てくる断片的な事実と結びつけ、それらを整合的に説明できるような広い視野からまとめ直して、納得できる答えをつくり上げていく学びの道筋がイメージできたのではないでしょうか。

そのなかで、各自が資料の説明役になったり聞き役になったり、まとめ役になったり、見守り役になったり、各グループが発表役になったり聴衆役になったりするなど、課題遂行役とモニター役の間の役割分担と交代のチャンスが豊富にありました。

しかも、それが司会などに強制されずに自然に起きました。その過程で、各自が自分の考えを変えるチャンスが何度もあり、決して「問題を一度解いて終わり」というものではありませんでした。

第2章で見たように、人の考えが少しずつしか変わらないのだとすれば、「そのチャンスを何度でも用意しよう」というのがこの学び方の特徴だといえます。そのために、対話も一度のやり取り（ターン）で終わりにするのではなく、何度も繰り返す──むしろ**「対話は繰り返すからこそ対話になる」という信念が、授業法の裏にある**といってよいでしょう。

〈注⑧〉Miyake, N., & Norman, D. (1979). "To ask a question, one must know enough to know what is not known". Journal of Verbal Learning and Verbal Behavior, 18, 357-364.

3 「知識構成型ジグソー法」授業での子どもの学び

それでは、この「知識構成型ジグソー法」授業は、学年や児童・生徒の（通常言われる）「学力」のレベルにかかわらず、本当に可能なのでしょうか？「知識構成型ジグソー法」による授業実践を紹介すると、「そのクラスではできたかもしれないけど、私のクラスではむずかしそう」というコメントをよくいただきます。しかし、子どもの条件によって、本当に授業ができたりできなかったりするものなのでしょうか？

(1) 小学校低学年の子どもたちの学び

そこで、小学校低学年でもこの授業で学びを深められるかを見てみましょう。

授業は、小学校2年生の国語で説明文『たんぽぽのちえ』を扱いました[9]。熊本県のある先生が18名の児童を相手に実践しました。説明文は、たんぽぽが一生を通して種子を遠くへ飛ばす仕組みを有していることを「ちえ」として紹介するものでした。

メインの課題は、「たんぽぽは四つのちえを何のためにはたらかせているのでしょう？」というものです。この問いに取り組むために、まずクラス全体で「天気によってわた毛のひらきかたをかえるちえ」について、「どんなときに（時間の順序）」「どんなちえ（植物の様子とそのわけ）」が働いているかを読み取る練習をしました。そのやり方に慣れた後、エキスパート・グループに分かれて、次の部品を読み取りました。

【ちえ①】たんぽぽがじくをたおしてたねを太らせるちえ
【ちえ②】わた毛をつくってたねをとばすちえ
【ちえ③】たねをとおくへとばすちえ

子どもたちなりに知恵を読み取った後、先述のもう一つの知恵もあわせて、メイン課題に答えを出していきます。
あるグループは、ジグソー活動の最後に次の答えを出しました。四角は先生が用意した空欄です。

〈注⑨〉2011年7月実施。平成23年度活動報告書に分析が収められています。

たんぽぽはこの四つのちえを　げん気なたねをつくって、まだ花が１本もはえていない町にたくさんのたんぽぽをはやす　ためにはたらかせているのです。

先生が期待した「あちこちに種をとばす」「仲間をふやす」という二つの要素が含まれ、文章としてもよく整理された解答です。この解答は、どのような対話から生まれてきたのでしょう？　左記が三人のやり取りです。

まみ「たんぽぽはこの四つの知恵をはたらかせて、新しい仲間をつくっていくんじゃない？」
のぶよし「もう一回言って」
まみ「たんぽぽはこの四つの知恵をはたらかせて新しい仲間をつくっていくの」
のぶよし「…〝ためにはたらかせている〟なのに？　違うんじゃない？」
まみ「じゃ、何がいいの？…この四つの知恵を使って、他の仲間をつくって…」
のぶよし「…〝ためにはたらかせている〟」
このやりとりから、まみさんは「新しい仲間をつくる」という四つの知恵に共通する目的を早くから見つけていることがわかります。しかし、のぶよしくんがワークシートの欄にある「ためにはたらかせている」という語句ときちんとつながる文章をつくりたいがために、まみさんの答えに納得してくれません。もう一人のメンバーのすすむくんは、静かに二人の議論を聞いています。

この様子を見た先生が「もう一回、「ちえ①」に戻る？」と、エキスパート活動で学習してきた具体的な知恵に関する記述を見直すことを促しました。すると、三人は自分の担当資料から重要な部分を探し、自分の言葉にしながら確認しはじめました。

「種に栄養を送って太らせる」「せい（背）を高くして風をあたらせて」など、解答に使えそうな言葉が、少しずつ議論の場に出されます。

しかし、言葉が豊かになったことで、逆に文章にまとめるのがむずかしくなってしまったのか、授業の終わり近くまで三人は解答を書けずにいました。

左記がジグソー活動の最後の対話です。

のぶよし「げんきなたねをつくって、まだ花を…」
まみ「げんきなたねをつくって、まだ、」

すすむ「花を、」

のぶよし「見ていない国の…」
まみ「えー、『町』のほうがいいんじゃないの？」
のぶよし「すすむくん、『国』と『町』どっちがいい？」

すすむ：「町」

のぶよし「花を見ていない町や。…花がない町。花が1本もない町」
まみ「花が1本もはえてない町に、たくさんの花を…」
のぶよし「違う、たくさんのたんぽぽを…」
まみ「はえてない町にたくさんのたんぽぽのたねを、」
のぶよし「たんぽぽをはやす」

すすむ「ふやす」
先生「もうつながるじゃん」

のぶよし「…ためにはたらかせているのです！」

聞き手に回りがちだったすすむくんも加わり、三人は代わるがわる言葉をつむぎながら、四角の空欄に入る表現をつくり上げていきます。その途中で、たんぽぽが届く距離として「国」か「町」のどちらが適切か、イメージを膨らませています。しかも、その判断をすすむくんが行っています。

すすむくんが発言する前の二人の対話を四角で囲みましたが、これを見ると、すすむくんがちゃんと二人の話を聞きながら考えていること、さらに、すすむくんが表現を後押ししたり決めたりすることで、グループ全体の対話が進んでいたことがわかります。こうして三人のつくり上げた解答は、重要なポイントを押さえつつ、求められる形式にもあてはまったことで、本人たちにとって納得できるものとなりました。

最初の段階で、まみさんが正答に近い発言をしていたことを考えれば、この三人の学習過程は遠回りにも見えます。もし、先生がまみさんの発言を拾って四角に合うような形で修正し、他のメンバーに正解として提示してしまえば、この迂遠な対話は不要になったかもしれません。しかし、そのようなやり方で、一人ひとりの納得いく解答になったでしょうか。

先生の助けを得て、エキスパート資料に戻って対話することではじめて、「四つの知恵で仲間をつくるとはどういうことか」を具体的に考え、「綿毛が風に乗って隣町まで飛ぶことで種から新しいたんぽぽが生える＝仲間が増える」という精緻化ができています。

その過程で、読解力のあるまみさん、細かい語句や表現にこだわるのぶよしくん、端的ながら表現を決めていくすすむくんそれぞれの多様性が生きています。**多様性を生かし合いながら、自分なりの考えをつなげてことばを一緒につくり出していくことで**[10]**、一人ひとりが自分なりに納得できる材料が生まれてくる**のでしょう。

この授業では、低学年対象ということで、「エキスパート活動と同じ進め方で、文章の一部をあらかじめ全体で読んでおく」という先生の授業デザイン上の工夫や子どもたちの活動が停滞したときの声かけもありました。

しかし、それらはどれも「答えを教える」ためのものではなく、子どもたちが自分で考えるための働きかけでした。逆に言えば、**課題や活動を理解できさえすれば、たとえ低学年の場合でも、対話を通した学びが可能になる**のです。

ここで紹介したのは一授業でしたが、ほかにも1年生を対象に実施された恒任珠美教諭（大分県九重町立南山田小学校・当時）は、次のように述べています。

自分は過小評価しすぎていましたけど、子どもたちはしゃべりたいと思っているし、しゃべる力をもっている。子どもの世界観のなかで胸の中にあるもの、幼いなりにそれを共有する力というものをもっている。知的なもの（教材）を媒介にした話し合いを、小学校1年生でも求めている。

(2) 学年を超える学び

対話による学びが成立するためには、前提となる学力が必要なのでしょうか？ この問いに答えるには、学年を越えた内容に対して、みんなで取り組むような実践例があるとよさそうです。ただ、内容が高度になると、できる子とできない子の差がもっと開きそうなものですが、それでも対話は成立するのでしょうか？

＊

萩原英子先生（広島県安芸太田町立加計小学校・当時）は、小学校4年生を相手に、15歳対象の国際調査（ＯＥＣＤの生徒の学習到達度調査〈ＰＩＳＡ〉）の問題を参考にして授業を

〈注⑩〉会話分析の研究分野でも、参加者が一緒に文をつくっていくような対話を「協調的発話（collaborative utterances）」と呼び、建設的な対話のサインと考えています。重要なのは、それがそれぞれ自分の立場から発言を行うことで、自然に全体としての文ができていくということでしょう。

つくり、高瀬典穂先生と二人で実践しました[11]。

メイン課題は、以下のとおりです（資料2、3参照）。

1周3kmの平らなサーキットで、レーシングカーを3周走らせました。資料2のグラフが2周目の速度（車の速さ）の変化を表したものだとすると、このレーシングカーを走らせたのは、どのサーキットコースですか？　資料3から一つ選んで記号に○をつけましょう。

速度については、4年生段階では未習ですが、先生としては「折れ線グラフ」の単元の発展形としてこの授業を実施しました。そのため、授業のはじめにサーキットのビデオを見てもらい、子どもたちに速度のイメージをつかませました。

さて、21名の児童は、**資料3**のどのコースを選んだと思いますか？

速度のグラフと同じ形の「E」コースでしょうか。確かに、そうした児童も5名いましたが、「A」コースが2名、「B」コースが7名（正解）、「C」コースが2名、「D」

〈注⑪〉授業は2014年2月10日実施。PISAの出典は2000年の数学リテラシー問題（国立教育政策研究所、2002年、生きるための知識と技能―OECD生徒の学習到達度調査（PISA）2000年調査国際結果報告書、ぎょうせい、などを参照のこと）

資料2　「知識構成型ジグソー法」のメイン課題用のグラフ

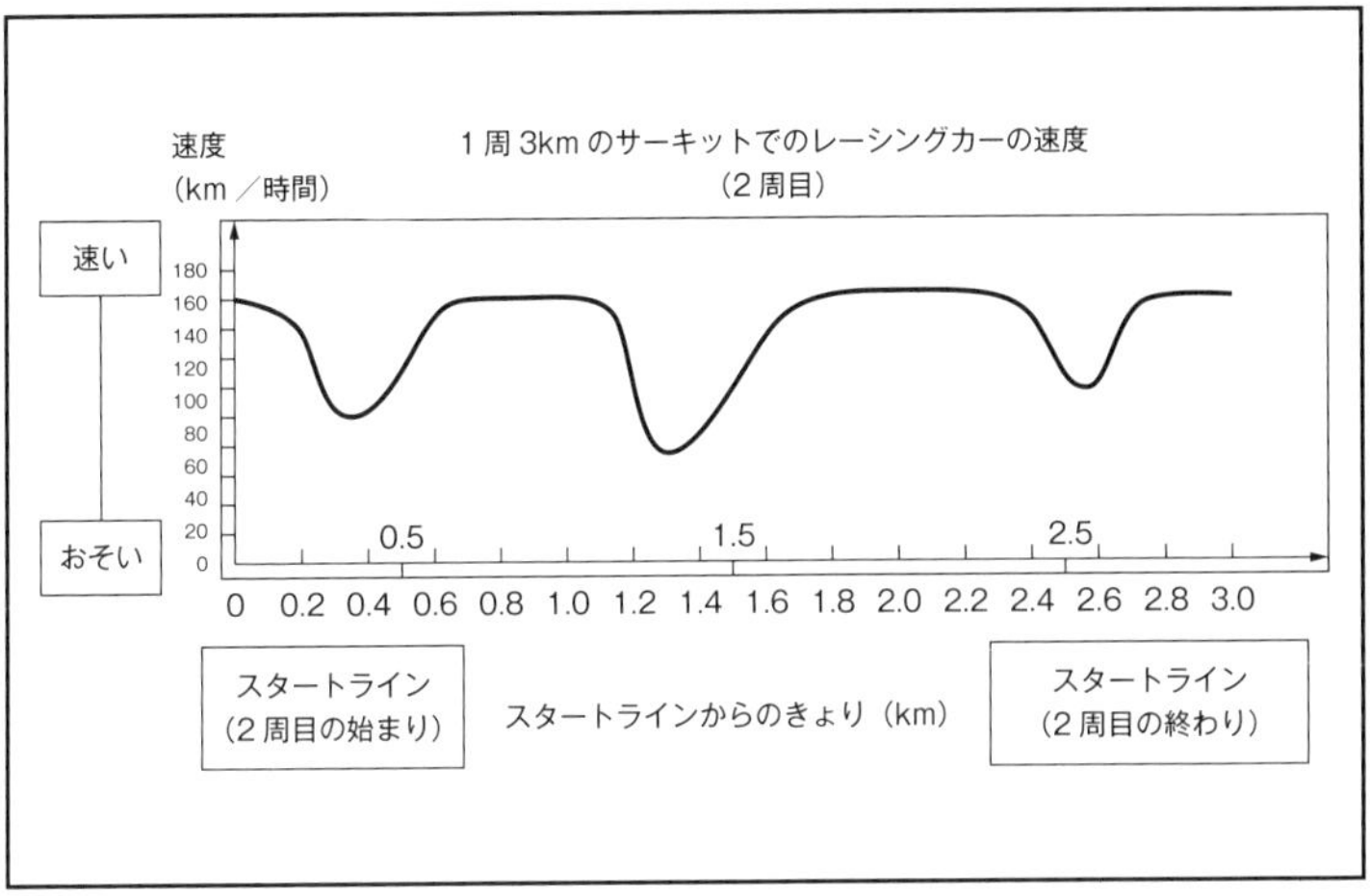

資料3　「知識構成型ジグソー法」のメイン課題用のサーキットコース

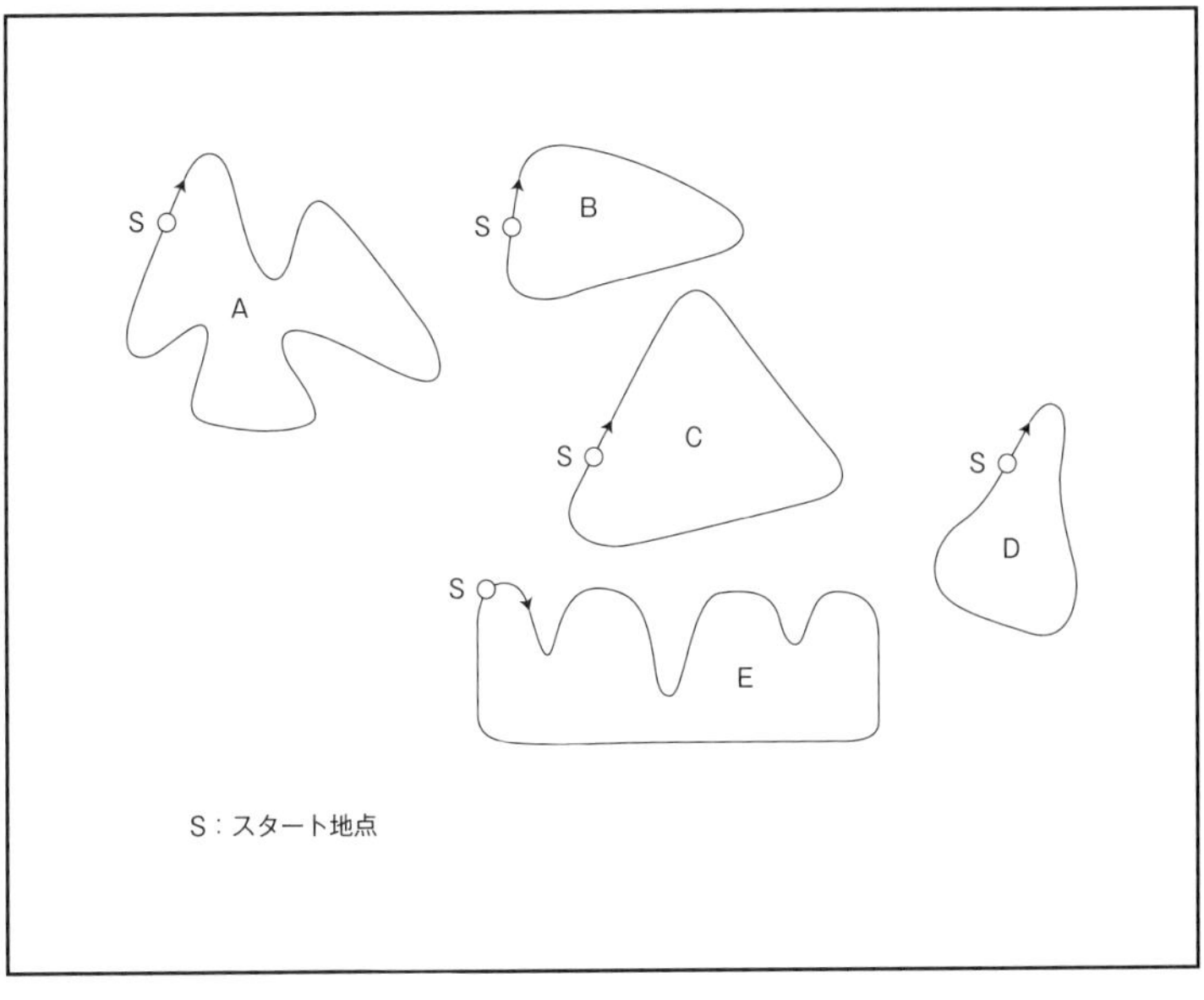

コースが2名、「わからない」が3名で、全体の3分の1が最初から正解を選べていました。

ただし、その子どもたちも、理由までは説明できませんでした。「C」「D」を選んだ4名の子どもたちも、選択としては惜しいですが、どこまで根拠があるかはわかりません。「A」「E」および「わからない」と答えた10名は、正解までの距離が相当遠そうです。

多様な子どもたちが学び合うためのエキスパート活動では、次のようにメイン課題をそれぞれ一つの視点から集中して考えることを促すものでした。

【問題を解くカギ①】コースのなかで、もっとも長い直線の部分を走っているのは、どこかを考えて、グラフにしるしをつける。
【問題を解くカギ②】速度が一番おそくなったのはどこかを考えて、グラフに○をつける。
【問題を解くカギ③】2・6㎞地点から2・8㎞地点の間の車の速さについて、どんなことが言えるかを考えて、選択肢から選ぶ。

さて、こうしたエキスパート活動を介して、子どもたちはどんな対話ができるようになったでしょうか。次は、あるグループの対話です。

1．一朗（答えとして『D』コースを指差している）

2．博樹「でもだって、（机を叩きながら、Dコースが答えである可能性が）ないもん。だってさ、だってさ、こっち（『D』コースのカーブ）急だけ（注：「だけ」は広島弁で「だから」の意）、ここまで（グラフを指して）スピード落とさんもん」

3．一朗「じゃあ『B』だ」

4．博樹（ぽんと机をたたく）

5．真「急って、どういう意味なん？」

6．博樹「急って、曲がる。曲がるのがこういう感じで（カーブの形状を手で表す）、こういう感じで（真を見る）」

7．真「わからん」

資料4

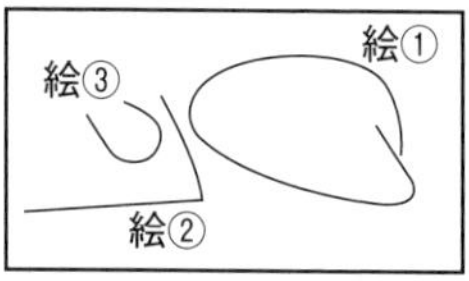

8．博樹「（鉛筆で絵①を描いて）こうあるじゃん…」
（資料4を見ながら）
9．一朗「こういうことだよ、ボールを上に投げ上げた感じで（放物線を指で描く）」
10．真（首を振る）
11．博樹「こういう感じ（絵②）とか、こういう感じ（絵③）とかで」
12．真「（絵②を指しながら）カーブじゃないの？」
13．博樹「カーブだよ」
14．一朗「ゼロ」
15．真「カーブではなくて、曲がるっていう感じ？」

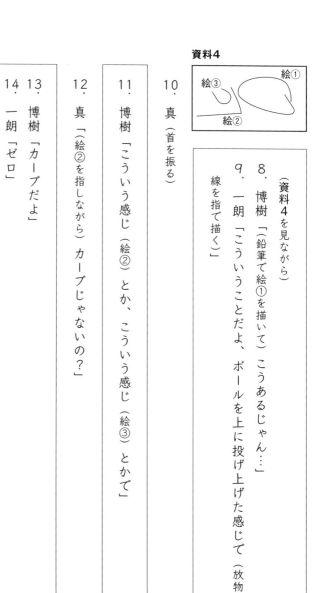

16. 一朗・博樹「えへへ…むずかしい」
17. 一朗「こういうことだよ…（Bコースを指して）」
18. 博樹「だけ、Bしかない」

19. 真「急って、まだわからないんよ」

20. 博樹「ええー？」
21. 一朗「急カーブ、わかる？　急カーブ」

一朗くんと博樹くんが、1～4行目で答えにたどり着いているにもかかわらず、5行目で真くんが「急って、どういう意味なん？」と根本的な疑問を呈します。それに対して二人は、それぞれ少し違う観点から、ジェスチャーや絵を描いたりコースを指したりして一生懸命説明するのですが、真くんはなかなかわかってくれません。

特に、博樹くんが、おそらく「急に曲がると速度が遅くなる」ことを説明しようとして描いた（ほぼ直角に見える）絵②が災いして、真くんに「カーブじゃないのか」「曲がるっていうことなのか」という指摘を受けてしまいます。

しかし、この「急って、どういうことか」という疑問は、カーブの「急さ」を見比べることで紛らわしい「B」「C」「D」コースから正解を見極めるための、いわば理解の急所でした。ですから、一朗くんと博樹くんの二人は、真くんへの対応を経て、再度18行目で正解に言及したのでしょう。

それでも、真くんは追及の手を緩めません。19行目で「急って、まだわからないんよ」と、あくまで自分なりの納得、より深い理解にこだわります。しかし、彼が単に仲間を困らせようとしているわけではないことは、彼の発言を追ってみるとよくわかります。

すなわち、5、7、10行目は単なる質問や不同意の表明ですが、12、15行目は自分なりの理解を示したうえでの質問です。それに対して、「正解が『B』コースである」という説明を受けたものの、彼の求める説明ではないということで、19行目の不理解の表明に至ったのでしょう。もしかすると、彼は「カーブで減速するとは、どういうことか?」という違う枠組の疑問を抱いていたのかもしれません。

この対話で、博樹くんと一朗くんは、共に課題遂行者として、いわば「課題遂行グループ」（対話中の四角の囲い）を形成して、モニターたる真くんに説明を繰り返すことで、正解の根拠に対する理解を深めています。

普段は素直に納得してくれない「困った子」が、周りの子への再説明を促して、理解を深めることで「活きる」可能性が見て取れます。同時に、その説明の繰り返し（対話中の囲い）が、真くん自身にも「急とはどういうことなのか」の疑問を深める材料を提供しています。略図を何度も描くのも、理解深化に役立ちます。

ここには、参加者の理解度の違いが、参加者一人ひとりに建設的相互作用を引き起こす可能性が示唆されています。

さて、この男児三名も含め、子どもたちはクロストークでどこまで語れるようになったでしょうか？

クロストークでは、T1[12]の高瀬先生が、各班に順に発表させるのではなく、「どのコースは違うだろうか」とあり得ないコースを順に消していく形で行いました。

子どもたちは、理由も言い合いながら、最終的に正解が「B」コースであることを見つけました。その説明は、先生が期待した「グラフの変化の様子を根拠にして」「それをコースの形状と関係づけ」「条件に合わないものを消去して、その道筋を論理的に説

〈注⑫〉ティーム・ティーチングで主たる授業者である「ティーチャー1」のことを意味します。

明」できるものになっていました。

男児三名も６回の発言機会がありました。そのなかで「（カーブの）急さ」について語った発言は次のとおりです（クロストーク中の41番目の発言です）。

41．Ｔ１「（Ｄコースが違うという発言に）つけたし。博樹くん」
42．博樹「えっと、『Ｄ』は違うと思います。わけは、（『Ｄ』の図のスタート地点を指しながら）このスタートは同じくらいなんですけど、（『Ｄ』の図の急なカーブを指しながら）こっちのカーブで、このカーブだと、（グラフの２番目の谷を指しながら）ここらへん、このぐらいの速度落とさないと、曲がれないから…ないから…違います」
43．Ｔ１「カーブが急だと、速度はどうだって言ってるの？（何名か挙手）はい、真くん」
44．真「遅くなると思います！」

博樹くんは、正解が「Ｄ」コースではない理由を、「スタート直後に急カーブが来るが、それはグラフの２番目の谷ぐらい速度を落とさないと曲がれないはず（なのに１番目に急カーブがある「Ｄ」はおかしい）」と説明しています。

この発言の根っこは、実はジグソー対話の2行目にあるのですが、それと比べるとずいぶん明確でわかりやすい説明になっています。さらに先生が説明の急所である「カーブが急だと速度はどうなるか」と尋ねると、真くんが自信たっぷりに「遅くなると思います！」と答えています。

この様子を見ていたＴ２で学級担任の萩原先生は、次のように述べています。

> ジグソーでの真くんのこだわりを見ていた私は、「あれほどわからんと言い張っていたのに、こんなにあっさり…！」と拍子抜けしつつも、ひそかに喜んだ瞬間でした。
>
> このこだわりがあったからこそ、時間いっぱいまで彼なりにたくさん考え、自分の納得に辿り着くことができ、さらに、そのタイミングでの先生からの質問だったからこそ、あんなふうに自信たっぷりに答えたのでしょう。
>
> 書き起こしの文字だけ見れば、「よくわかった子」という印象・評価をもらえるワンフレーズですが、その前を知っていることで、この時間の彼の学びの価値を担任として見取ることができ、心のなかで静かにガッツポーズした瞬間でもありました。

エキスパート活動やジグソー活動で理解しきれなくとも、いやむしろ、**理解しきれないからこそ、その「不完全感」がより深い理解[13]へのモチベーションをかき立てて、クロストークでの「言語化」を可能にした**のでしょう。

一朗くんも含め、三人が他のグループに比べてクロストークの「カーブ」や「その急さ」に関する箇所で説明に乗り出しがちだったのは、ジグソー活動の対話で真くんのこだわりを排除せず、そのこだわりにみんなで向き合ったからではないかと推察することもできます。

*

この授業からは、子どもの理解について考えさせられることが多々あります。

一般に、「速さ」について子どもが学ぶためには、まず距離と時間をしっかり理解し、そこではじめて「速さ＝距離÷時間」という関係を理解できると思うのではないでしょうか。

しかし、本授業では、速さをグラフの縦軸に、言わばダイレクトに表して、コースの形状と関係づけるという質的な理解を迫りました。それを、速度は未習のはずの小学校4年生が、わずか45分でやってのけたのです。少なくとも「速度」という「関係（内包量）」を学ぶのに、「まずは時間と距離を学んで、それから両者を関係づける」という順

資料5　「は・じ・き」と「く・も・わ」

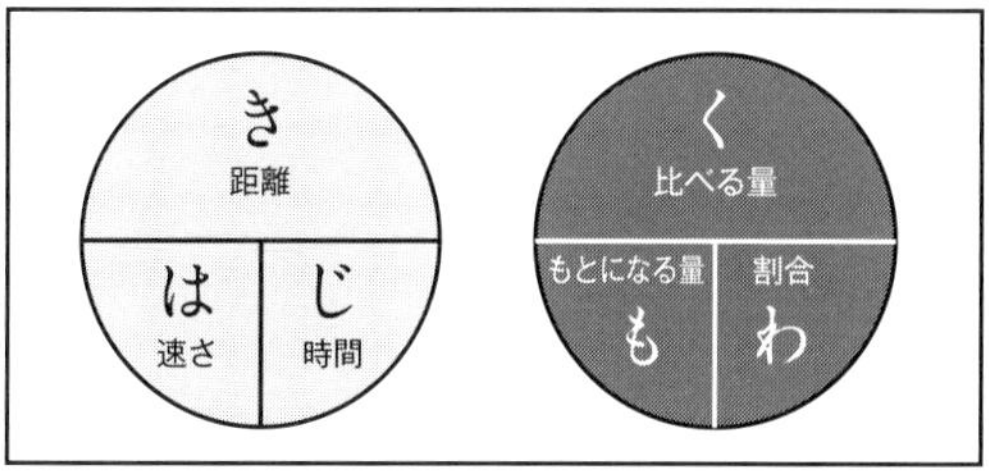

（求めたい要素を手で隠し、残り2つが上下の位置にあれば割り算、左右なら掛け算することで、その答えが求められる）

序しかないわけではないことが、この授業からは示唆されています。

ところが、私たちは速さや割合といった抽象的な概念が、子どもにはむずかしいと思いすぎているのではないでしょうか。そのため、一つひとつ要素に分け、**資料5**のような「形」で覚え込ませようとすることで、逆に子どもたちの本質的な理解を妨げてしまっているのかもしれません。

実際、ＰＩＳＡの結果では、ＯＥＣＤ加盟国の15歳の生徒の平均正答率は28・６％、日本の生徒は53・９％にとどまりました。

これを「後ろ向き授業」と「前向き授業」というおもし

〈注⑬〉厳密に言うと、カーブの「急さ」は高速道路で見かけるような「R」（円の半径）にまで基づいて考える必要があります（それすら不十分ですが）。

しかし、この問題は「急さ」を質的に、生活経験に基づいた体感で判断することを求めていたといえます。真くんがもし曲がり具合の数学的な根拠を欲したのだとすれば、本時でそこまでは到達できませんでしたが、（若干、循環論法的ではあっても）「曲がり切れないようなカーブは急なものだ」という体感での判断までは共有したといえるでしょう。

ろい名前を付けて対比した実践研究もあります[14]。

「有理数（分数や有限・循環小数で表される数）」を例にすると、これまでの「後ろ向き授業」では、その概念理解は小学生にはむずかしいと考え、「有理数が分数で表される数であること」を理解させるためには、まず分数を理解させ、そのために整数を理解させるという「逆算・積み上げ方式」で教え込んできました。ところが、この教え方だと、児童は整数の理解を分数に応用させて、分数を「二つの数からなる」と見てしまうために、「分数がそれ自体、数である」ことを理解し損ないやすかったのです。

これに対して「前向き授業」のアプローチでは、まず子どもの「できること」を丁寧に観察して発見します。すると、子どもたちは「パーセント」について直感的な理解（例「99％はほとんど全部、1％はほとんど無し、50％は半分」）を有していることがわかりました。

そこで、小学4〜6年生を対象に、伝統的な単元の配列を逆転させ、自発的な理解を引き出す「パーセント」の学習活動（目盛りつきの数直線上を歩く「パーセント歩き」やビーカーの液体が全体の何％か見分ける課題など）からはじめて、その理解を基に小数を学び（例「5・25は、5と6の間を25％行ったところ」）、最後に分数を学んで、有理数の感覚（rational number sense）を得ることができたそうです。

一つの授業から言えることは限られますが、本授業も、先生方が「速さ」について

「前向き授業」をつくっていける出発点になる可能性を秘めています。子どもたちの対話は、子どもの学ぶ力を明るみに出し、それに賭けて新しい授業づくりを試みるヒントも与えてくれます。

(3) 進路多様校での学び

高等学校（以下一部で「高校」）は、いわゆる「学力」で学校が分けられている面がありますが、学力に課題があると思われている進路多様校と呼ばれる学校でも、対話による学びが成立するのかを最後に見てみましょう。

対象は、ある進路多様校での渡邊大地先生の日本史B「城の立地」の授業で、3年生24名を対象に、50分一コマで行われました⑮。

課題は、「あなたが戦国大名なら、どの地点に城を築きますか?」という問いに対し

〈注⑭〉スカルダマリアら（2014年）「知識構築のための新たな評価と学習環境」三宅なほみ監訳、益川弘如・望月俊男訳『21世紀型スキル－学びと評価の新たなかたち』京都：北大路書房、77～157頁
実践の原典はMoss, J. (2005). “Pipes, tubes, and beakers: National approaches to Teaching rational number system”. In J. Bransford & S. Donovan (Eds.) How children learn: History, science and mathematics in the classroom. Washington, DC: National Academies Press, 309-350.

〈注⑮〉2014年6月25日実施。

て、静岡県駿府に「A」～「E」の五つの地点が描かれている地形図から地点を一つ選び、その理由も考えるというものでした。

資料は次の三つです。

●資料「お」：軍事的拠点としての城の役割を、織田信長の「岐阜城」を例に、山城の利点、特徴から説明したもの

●資料「し」：政治的拠点としての城の役割を、織田信長の「安土城」を例に、家臣統率、城下町建設などのポイントから説明したもの

●資料「ろ」：経済的拠点としての城の役割を、織田信長の安土における「楽市楽座令」を例に、商人の集住化、交通整備、城下町建設などのポイントから説明したもの

生徒は、「自分たちで答えをつくっていくジグソー型の授業形態は、これまで何度も経験していて慣れている」反面、「歴史史料の読みや解釈については未熟な生徒が多い」という課題があったそうです。それでも、上記の課題に軍事・政治・経済という三つの視点を比較・検討して説明できるようになることを先生は期待しました。そこで、クロストークの際、軍事・政治・経済のどの役割を優先したかという「優先順位」につ

いても発表するよう、ジグソー活動前に指示しました。

資料が簡潔明瞭で、答えやすい補助質問もあったことで、ほとんどの班でジグソー活動の資料説明までは順調に進みました。問題はそこからの議論、すなわち、資料の説明と自分たちの考えを踏まえてどういう理由で城の立地を選ぶかです。

左記に対話を紹介した班は、葵さんが中心になって戦国大名がいた時代はどういう時代なのかを考え、それにしたがって「軍事的」「経済的」視点を融合しながら、答えを出していこうとしています（関連した発言に傍線を引きました）。

知憲くんが答えをすぐ決めようとしますが、残りの二人は根拠から考えます。そのなかで「経済が回らないとはじまらない」など、視点間の順序性も考えながら、しかるべき立地を考え、小高い山の周囲に広い土地と海のある「D」を選びました。

葵「優先順位。何が一番大切なのか…

戦国時代ってことは、いつ敵が攻めてくるかわからないってことだったりだからある程度高いところに城があったほうが」

知憲「ていうことはA（に城を立てる）？」
貴浩「でも、経済政策は？」
葵「経済政策のことも考えると、高くて広い土地」
貴浩「取引がしやすい」
葵「取引がしやすい『D』か」
知憲「『D』なだらかな」
葵「なだらかな丘で海が近いから
　経済が回らないことにははじまらないから」
知憲「『D』でいいんじゃない？」
葵「（経済的視点が）一番大切」
貴浩「『D』かなあ」
葵「優先順位的には『ろ』（経済）が一番」
貴浩「『ろ』（経済）が一番でしょ」
葵「『ろ』（経済）・『お』（軍事）・『し』（政治）くらいの順？」

次の班は、最初「優先順位をつけること」の意味が理解できませんでしたが、わかった後は「軍事的」「経済的」視点の順序性から考え、武器も取引から得るしかないということで経済的視点を優先します。そのうえで、彼女たちにとっては、政治的理由でも「E」が答えとしてふさわしいということで、「2個（の理由で）『E』だから」と、根拠の数で「E」に決めました。

英雄「どれを優先？」
ゆかり「優先？」
英雄「その標高を優先するかとか」
ゆかり「え、でもさ、戦うにしてもだよ、まず物資とかそういうのがないと」
英雄「あー」
ゆかり「まず、必要最低限じゃん？　こっちは。食料とかもそうだし」
英雄「じゃ『E』じゃない？」
緑「うん」
ゆかり「武器とかにしても、ってなったときに、うーん…」
英雄「もう2個『E』だからね」

最後に紹介する班は、拠点一つにしても、違う視点から見ると有利になったり不利になったりするトレードオフに言及しています。

聖一「なんか高いからさ、城って。平気なんじゃやない？」
桜「うん。軍事的には有利だけど、政治的」
聖一「政治的・経済的には」
桜「ちょっと不便…みたいな？　どれを優先？」

先生は、授業意図として「一つのクローズドな解答ではなく、一班一班が何を重視するかを話し合いながら選び取り、自分たちなりの場所の選択と根拠づけをすること」、言い換えれば、クラス全体でいろいろな答えが出ることをねらっていました。その意味で、ここに挙げた班は、どの班も複数の根拠を勘案し、自分たちなりに城の立地を考えていたと言えるでしょう。そこまで考えていたからこそ、授業の最後に（正解というわけではなく、あくまで参考として）「実際の駿府城が『B』にある」という意外な事実を聞かされた生徒のなかには、チャイムが鳴っても先生に「なぜ『B』なのか」を尋ねている生徒もいました。

こんな学びが単元の冒頭にできたなら、その後の授業における学習意欲の高まりや歴史の流れ（戦国時代が終わり、軍事的拠点としての重要性が薄れるにつれて、山城から平山城、さらに平城へという変化が起きたことなど）の理解の深まりも期待できることでしょう。

(4) まとめ

以上より、「知識構成型ジグソー法」という型を取り入れた授業では、児童や生徒の既有知識の多少やスキルの高低にかかわらず、児童・生徒それぞれが自分なりのやり方で、対話を通して理解を深め、自分なりに納得できる答えをつくっていく過程が見て取れます。それはとりもなおさず、**どの子も対話から学ぶ力がある**ことの証拠だと言えるでしょう。

それと同時に、いずれの対話も、誰か一人が完全な正解をもっていて、それを仲間に共有するようなものではありませんでした。むしろ、一人ひとりの発言が少しずつ違いながら、みな不完全であり、不完全だからこそそれをきっかけにして対話が続き、学びが深まるというものでした。

薄皮を剝ぐように、徐々にしか理解が深まらないからこそ、どこでどんな対話をしてもらうかという授業デザインが重要になってきます。また、そのために、子どもが何をどんなふうに学んだのかという評価がとても重要になってきます。

一例をあげれば、高校の「お城」授業の対話では、一見自由な発想を促進するように見えるオープンエンドな課題が、逆にもち寄った視点をどう結びつければよいのかをむずかしくしてしまうという危険性も見て取れます。

たとえオープンエンドな課題であっても、「どんな戦国大名なのか」（家臣の規模や戦の可能性、経済状態など）のプロフィールがあることによって、対話の質は変わったかもしれません。

そう考えると、単に対話による学びの成立を超えて、対話を通じて一人ひとりが何を学んだのか、どのような理解を深めたのかをよりつぶさに見ることで、子どもたちの対話から学ぶ力をさらに生かす授業をデザインしていく必要があります。

具体から抽象へ、表面から深層へ、漠然とした理解からより精緻な理解へ、目前の課題からより広い生活事象へ、納得から次の疑問へ、それらのなかで自然に起きることばの言い換えについて、子どもの学びをいかに評価すべきか…。

次の章で詳しく考えていきましょう。

第4章
対話的な学びの評価

1　「知識構成型ジグソー法」授業における学びの評価

「対話的な学びの評価」と聞くと、普通、どのくらい話し合えるようになったかの評価だと思われるかもしれません。しかし、第3章までに見てきたように、私たちは対話が優れて一人ひとりの考えや理解を深めるために役立つものだと考えています。だとすれば、評価のやり方も、その目的にあったものにする必要があるでしょう。

そこで、本節では「知識構成型ジグソー法」を例に、児童・生徒を主体とした授業における評価の目的や方法を考えていきましょう。

(1)　何のための評価か

学びのメカニズムに基づいた新しい教育の試みは、新しい評価の考え方で捉えなくてはなりません。その考え方とは、子どもたちの対話からの先生の学びを最大化するのが評価だ、と考えるものです。授業の目的に照らして、子どもの言動を見とり、丁寧に解釈して、次の改善につなげることが評価だと考えるのです。目的に照らす点で主観的に見える場合があるかもしれませんが、それは授業改善に役立たせるためです。具体的に見ていきましょう。

第一に、**評価は「子どもたちの頭のなかに正解が入ったかどうか」ではなく、「一人ひとりの子どもが主体的に対話を通して自らの学びを深めたか」を確かめるものに変える**べきです。

多くの方がご存じのとおり、２０２０年度から実施された学習指導要領は、単に「何を学ぶか」という内容を改訂するだけでなく、それを学んで子ども一人ひとりが「何をできるようになるか」という目標を見据えて、「何をどう学ぶか」を考えることを求めています。具体的には、「主体的・対話的で深い学び」です。

「何を学ぶか」だけなら、教科書にある「正解」を、先生がなるべくわかりやすい説明で子どもに受け渡すだけでよいのですが、「どう学ぶか」、特に児童・生徒が「どう主体的に学ぶか」を問題にすると、一人ひとりが「自分で答えをつくり出しているのか」を考えざるを得ません。一人ひとりが「主体」になるのですから、先に答えがわかった仲間を探して教えてもらうという一見「アクティブ」な活動でも不十分です。

このように「学びのゴール」が変わってくると、それにしたがって「授業」の意味も変わります。つまり授業が、先生の教えたいことを教えて終わりになる場ではなく、子どもたちが先生の提供するものを自分なりに受け止め、それを使って与えられた課題に自分の答えを出して納得し、「次に知りたいこと」を見いだしていく場に変わります。

ただし、注意したいのは、それは「『教えたいこと』をなくしたり隠したりすることを先生に求めているわけではない」ということです。当然、子どもたちが自分勝手な考えを正解と思い込んで終わりにすることを推奨しているわけでもありません。そうではなく、先生や教科書から提供されたことを、児童・生徒が「部品」として使って主体的に答えをつくり上げていく場に授業が変わる、ということです。

第二に、**評価は「今日の授業でどこまで到達したか」だけでなく、「明日以降どこに向かいそうか」を推測して、次の授業デザインに活用するためのもの**に変わります。

学びのゴールが変わり、児童・生徒が自分自身で答えをつくり出すようになると、第3章で見たように、その答えには「まだ不十分なところがある」という感覚が伴われます。その感覚を先生がうまく引き取って、「この先は次の授業で考えよう」と働きかけることができれば、それが次の学習課題・探究課題を生み、児童・生徒自身の課題発見につながると言えるでしょう。

そうすると、評価も「本時（その日の1時間の授業）で何をどう学んだか」の確認を超え、単元や学期など連綿とした授業の流れのなかで、「今日は何をどう学んでくれたので、次にどうつながりそうか」を見取るものに変わります。

第三に、評価は子どもの力を値踏みし評定するためではなく、すべての子どもが潜在的にもつ「対話から学ぶ力」をどれだけ授業が引き出したかを、先生が判断するためのものになります。どの子どもにも「対話力」があるのだとすれば、それを引き出し損なっているのは、個々の子どもではなく、授業デザインによるのかもしれない、と考えるということです。

なぜ、そうする必要があるのでしょうか？

一つには、子ども一人ひとりを評定するにしても、まずは子どもに伸びてもらってからではないとフェアではないからです。もう一つには、一人ひとりの個人の欠けているところを指摘して「一人ずつ」伸びてもらうより、学習環境を整えて、そのなかでみんなに伸びてもらったほうが効率的だからです。

ただ、先生にとっても、学習環境をデザインする誰にとっても、個人（相手）を責めずに環境をデザインした自分のほうを見つめ直す、というのは、「言うは易く行うは難し」の典型です。その具体例を後で見てみましょう。

(2) 何をどう評価するか

やりたいのは授業の評価、つまり、授業をなさった先生が一回一回の授業を確かに振り返り、次の授業展開を考えるための評価です。それが同時に、子どもたちにとっても、自分の考えが授業のなかでどう変わったのかを確認できるようなものであれば、なおよいでしょう。

しかし、考えの変化が見たいと言っても、「考え」自体は外から見えませんので、何らかの形で外化してもらう必要があります（それでも外化されたものは、あくまで「一つの表現」であり、「考え」そのものではありません）。見えない子どもの頭のなか―認知過程―を推測するための観察データを得て、解釈する営みが評価だとすれば、その「観察の窓」を開ける必要があるのです[①]。

①授業前後理解比較法

そこで使えるのが、「知識構成型ジグソー法」授業における授業前後の問いです。第3章で紹介した「ステップ」で言えば、最初と最後のステップ①と⑤です。

そこでは、先生が子どもに答えられるようになってほしい問いへの答えを文章や図示で外化してもらいますので、授業の主題についての考えの変化を「授業前後」という短い間隔で比較し、「何がどう変化したのか」を推測できることになります。さらにその変化を先生の期待や想定と比べてみれば、どのくらいねらいに沿った変化が起きていたか、あるいはねらいを超えた変化が起きていたのかを把握することができます。

CoREFでは、これを「授業前後理解比較法」と呼んでいます。第3章で紹介した授業を例に、実際にどんな評価ができるかを検討してみましょう。

まず紹介するのが、亀岡先生の中学2年生理科「消化と吸収」授業です。授業で先生が期待していた解答の要素を再掲します。ご覧のとおり、三つのエキスパート資料の内容そのままではなく、それらを組み合わせて消化と吸収の目的や機能、実現方法をつかむことを亀岡先生は期待していました。

- **目的**：小腸で栄養素が吸収されること
- **機能**：大きすぎるデンプンを小腸で吸収可能な大きさのブドウ糖にまで小さくする必要があること
- **機能の実現方法**：歯による咀嚼や消化液・酵素による分解

授業を受けた生徒全員が、第3章で紹介した茜さんのように考えを変化させたので

〈注①〉Pellegrino, J.W., Chudowsky, N., & Glaser. R. (2001) Knowing what students know: The science and design of educational assessment, Washington, D. C.: National Academies Press.

資料１　「消化と吸収」授業前後の記述結果

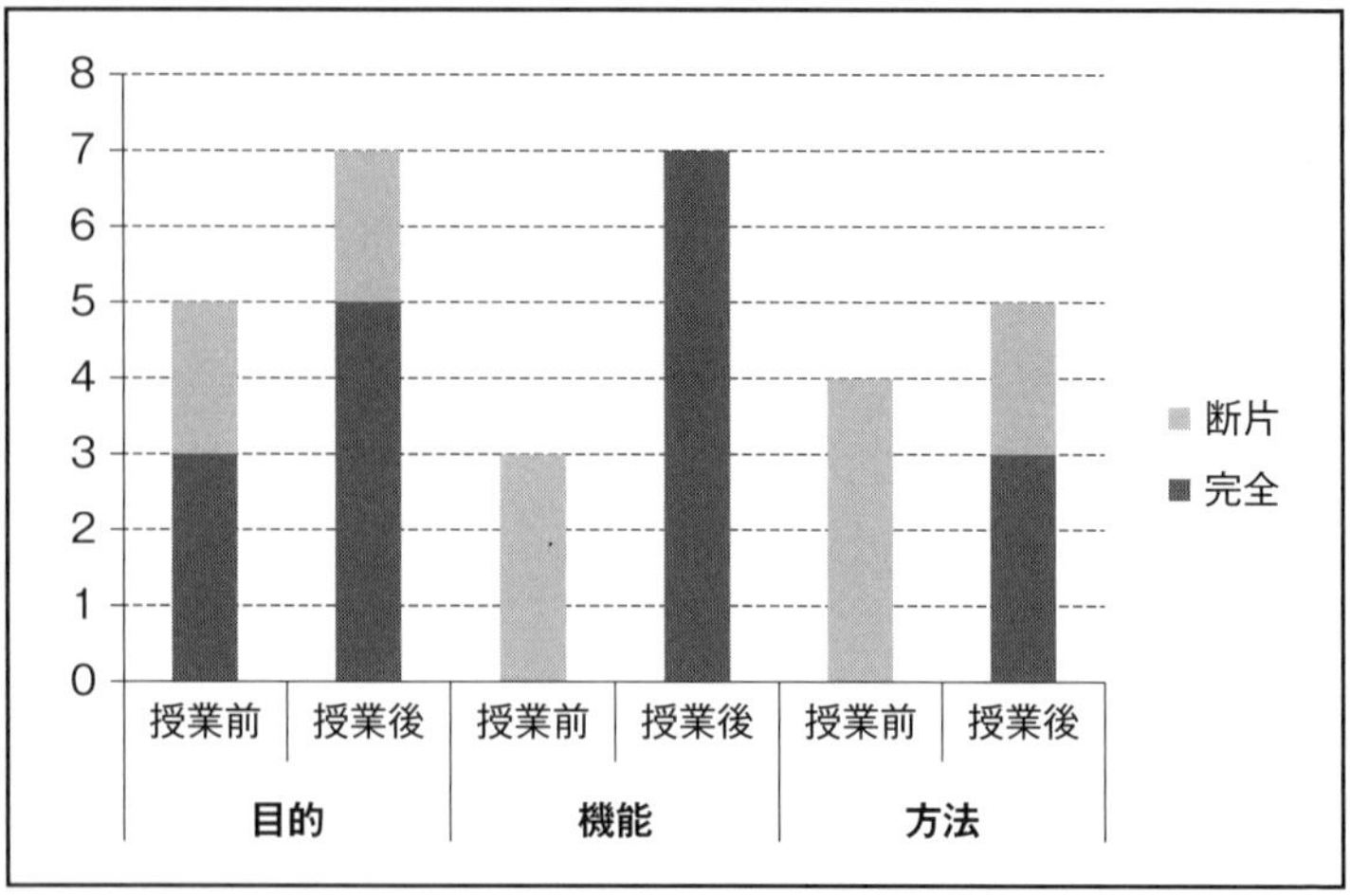

しょうか？

それを捉えるため、授業の前後に書かれた解答を分析したのが**資料１**です[②]。

右記の要素がしっかり含まれていると判断できるものを「完全記述」、断片的なものを「断片的記述」としました（茜さんの場合、授業前は「目的」の断片的記述、授業後は三要素の完全記述とみなすことができます）。授業後の記述が一人得られなかったため、授業前が８名、授業後が７名分です。

授業前後の記述を見比べると、期待された記述ができるようになった生徒が増えています。授業前には三要素すべてを記述した生徒が誰もいなかったのに対し、授業後は７名中５名に増えています。

その記述は、生徒の自分のことば（自発的

に書いた文）から構成されていました。特に「機能」については、7名全員が「大きすぎるデンプンを吸収可能な小さいブドウ糖に変える」という三資料を統合してはじめて可能になる表現をしていました。

「機能」は、最も記述率が伸びた要素でもあります。「機能」について語れることがジグソー活動による意識的な統合の効果を一番はっきり自覚できる活動だったため、言及したいという動機づけが高まったのかもしれません。

一方で、授業前の記述結果を見ると、生徒たちが何も書けないわけではなく、不完全であっても消化と吸収の大まかなイメージを自分なりにもっていることが見えてきます。「授業の最初に今日の課題に答えを書いてもらう」と聞くと、「教えてもらっていないのだから答えられないに決まっているでしょう」と言う先生もいます。けれど、実際にやってみると、子どもたちは案外自分なりの考えをもっています。たとえ答えが出せない場合でも、書いてくれたことから「何がどれだけわかっていないのか」を先生は見てとることができます。

それは子どもにとっても、課題について自分の知っていることを自覚できるチャンス

〈注②〉三宅なほみ（2011年）「概念変化のための協調過程—教室で学習者同士が話し合うことの意味」『心理学評論』54、338頁

資料2　「城の立地」授業前後の記述結果

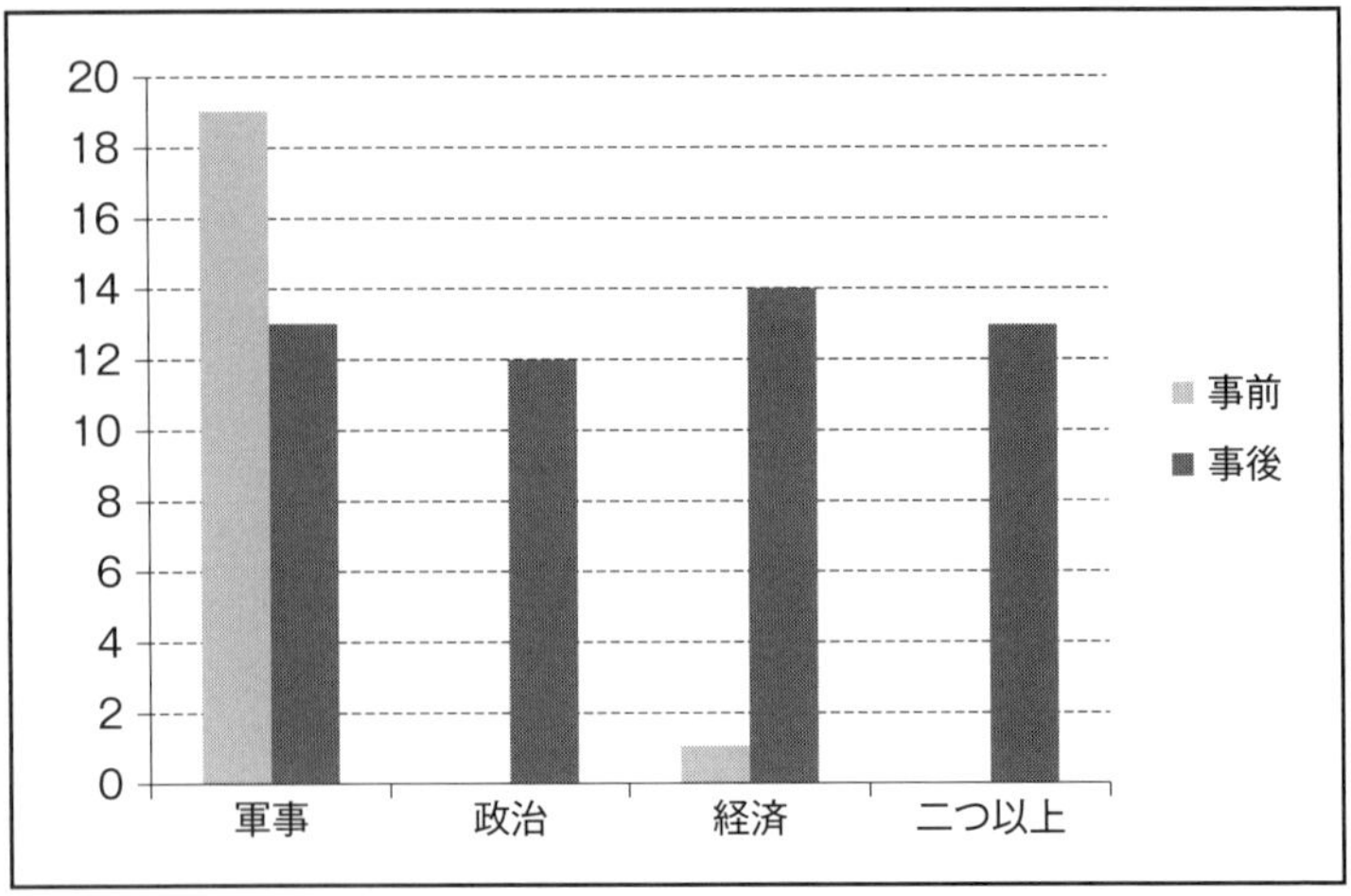

になります。考えを言葉や図による「形（表現）」にしてみることで、自分なりに納得のいく答えをつくり上げていく下地にもできるのです。

　次に、渡邊先生の高校3年生日本史「城の立地」の授業も見てみましょう。期待する解答の要素は「軍事」「政治」「経済」という三つの視点を比較検討して立地の根拠とすることでした。ワークシートに記入があった生徒は、授業前が22名、授業後が23名でした。その記述から、どの視点を根拠にして立地を考えたかを読み取って人数を示したのが、**資料2**です。複数の視点に言及したものを「二つ以上」としています。

　ご覧のとおり、授業前はほぼすべての生徒が「軍事（例：高いところのほうが戦いに有利だから）」を理由とした記述になっています。「城は軍事拠点のためにある」というイメージが強いことがわかります。「戦国大名ならどこを選ぶか」という聞き方そのものが、この解答を誘った可能性もあります。

授業後は、「政治（例：平地のため人が住みやすい）」や「経済（例：物資を運ぶのに海が近い）」に関する要素が記述されるようになりました。城を建てる際に軍事以外にも重視すべき点があることが理解できていることがうかがえます。また、二つ以上の要素に言及した生徒も13名おり、授業前より複数の視点から多面的に思考し、視点を統合できるようになったことがわかります。

以上のように「授業前後」という観点からこのデータを見ると、先生の期待する方向に向けて、生徒が自ら納得のいく答えをつくり出そうとした傾向が見てとれます。単元の最初の授業としては、十分目的を果たしたと言えます。

その一方で「授業後」の各視点や複数視点への言及率は、クラス全体で約6割程度にとどまりました。実際、渡邊先生としては、「資料の内容の読み込みが薄く、資料関係を十分検討して大事な要素をそれぞれの資料から抜き出して統合するというところまでは行っていない」という不十分感を抱いていました。

そこでもし、その原因が授業デザインにもあるとしたら、それはどんなところにあるのでしょうか？

②多面的対話分析法

そこで使えるのが「プロセス」のデータです。授業の間に子どもたちがどんなことを話して、何を発表し、どんな風にプリントを指したり、メモを書き込んだりしたかといったデータです。第3章のステップで言えば、ステップ②から④に起きることすべてです。

プロセスが見えてくると、授業前後の解答の変化の「理由」がいっそうつかみやすくなります。授業前後の「記述（書かれたもの）」には現れなかった一人ひとりの理解や不理解（つまずき）が見える場合もあります。

プロセスのデータには、微妙な表情の変化や姿勢、わずかなジェスチャー、生理情報なども含まれますが、本書では、現時点の評価手法やテクノロジーの制限のなかで子どもたちの理解に迫るのに最も有望な「発話」に注目します。

発話を追うことによって、記述だけを見るときに比べて、記述と記述の間にある変化が見えやすくなり、さまざまな角度から子どもたちの学びを検討することができます。このような対話の分析をCoREFでは「多面的対話分析法」と呼んでいます。

今度は、渡邊先生の「お城」の授業で、ある一人の生徒のプロセスを追ってみましょ

資料3　あるジグソーグループの生徒の「城の立地」授業前後の記述結果

生徒	授業前	選択した理由	要素	授業後	選択した理由	要素
稔	D	東西南北360度周りの地形がいつでも見られることが可能。ゲリラ戦も可能。	軍事	E	貿易重視	経済
あずき	A	敵に攻められた時に、斜面が急だと侵入もされにくく、上からも攻撃しやすいため	軍事	E	家臣の屋敷を置くことによってすぐに戦いに対応することができる。また、海の近くだと災害に対応しやすく様々な相手と売り買いがしやすいため。	政治・経済・軍事
桃	D	あまり高いところだと移動しづらい、海が近いから貿易とかスムーズにできそう	経済	E	兵士だと家臣の屋敷を城のまわりに配置でき、出陣にも備えることができる。海が近いことによって災害にも対応することができ、貿易・経済発展にもつながる。	政治・軍事・経済

う。

注目する生徒の稔くんは、**資料3**のように授業前より後の記述量が減り、経済的な理由のみ（「貿易重視」）を記すにとどまりました。同じジグソーグループの他の生徒（あずきさん・桃さん）が授業前より後に多く記述し、先生が期待した三要素に触れるように変化したのとは対照的です。

どうしてこのような結果になったのでしょうか？

その理由を探るために、稔くんの記述の変遷を追ってみましょう。

資料4　一人の生徒の一授業中の全記述結果

ステップ	設問	選択	記述内容
授業前	地形図を見てどこを軍事拠点として選択するか？　その理由は？	D	東西南北360度周りの地形がいつでも見られることが可能。ゲリラ戦も可能
エキスパート	問1（岐阜城はどんなところにあったか？）		山の上に本丸があり、その下に二の丸、三の丸、それに家臣の館や城壁もあります。
	問2（山の上に城を築くことの利点は何か？）		東西南北いつでも見れる。山野兵を利用してゲリラ戦も可能。
	問3（戦国大名の軍事拠点としてはどこが適しているか？）	D	北条氏が建てた小田原城、豊臣氏の大阪城、函館の五稜郭のような難攻不落と言われたから
ジグソー	「お」（軍事）の視点のメモ		難攻不落（優先順位3）
	「し」（政治）の視点のメモ		災害が起きた時、城のところに仮設を置く（優先順位1）
	「ろ」（経済）の視点のメモ		楽市楽座　商人を下街道に宿泊させることによって戦で使用（優先順位2）
ジグソー最後のメモ	最終的にどこに城を築くか（グループで）	E	貿易重視

資料4に見るように、稔くんは最初、立地としてD地点を選び、「東西南北360度」見渡せて「ゲリラ戦も可能」など、かなり具体的に城の機能をイメージしながら解答しています。エキスパート活動は、「軍事」を担当した関係でDの選択に変わりはありませんでしたが、小問に対する解答には「山の上に本丸がある」「家臣の館は城壁もある」や、小田原城など他の城の立地に関する情報など、エキスパート資料にはない本人の既有知識による記述が見られます。

ジグソー活動時に三つの視点について検討すると、これまで重視していた「軍事」の優先順位が三番目に下がり、「政治」が一番目、「経済」が二番目となりました。しかし、最終的なグループとしての立地場所の選択ではE地点を選択し、その理由に経済的側面を挙げました。

このように記述の変遷を見ただけでは、なぜ稔くんが当初詳細な理由を挙げていたD地点からE地点に選択を変更したのか、不思議に思えます。そもそもある程度歴史に詳しそうな稔くんにとって、E地点という選択は納得のいくものだったのでしょうか?

それをさらに詳しく調べるため、ジグソー活動中の対話を見てみましょう。

ジグソー活動は、あずきさんがグループ全体の調整役を果たす形で進みました。稔くんが資料内容を説明する段階で、「大坂の役って知ってる?」「戊辰戦争の際に五稜郭もゲリラ戦が行われたことがある」など、資料の情報共有以上の話題に踏み込みそうになると、あずきさんが「何が言いたいの? てか、関係あるの?」や「書いてあるの?それ、この資料に」と軌道修正を図ります。それでも稔くんが話を続けようとすると、あずきさんは「わかったよ、言いたいことは。でもそれで?」と、稔くんの「言いたいこと」を尊重しつつ資料内容の総括を促しました。

その後、桃さんが政治的理由、あずきさんが経済的理由の資料内容をそれぞれ説明しますが、そのたびごとに稔くんは「全然言ってることがわかんねえ」などと否定的な発言をします。その一方で、資料B（政治的理由）の説明において、家臣を城下町に住まわせることについて「安全っていうこと？」と自分なりに理解しようとする姿勢や「（城下町をつくらずとも）城のなかに住宅があるはずなんだけど…」と自分の知識を披露しようとする姿勢も見せます。

選択肢を決める場面で、授業前に選んだ地点を交換すると、稔くんとあずきさんが同じく軍事的理由で選んだはずなのに「D」と「A」と違っており、驚きが生じます。しかし、「360度東西南北に見られるから」という理由は〝A地点にも当てはまるのではないか〟というあずきさんの疑問に稔くんが返答しなかったため、しびれを切らしたあずきさんに「もういいや、ほっとこ」と言われてしまいます。

選択肢の最終決定はあずきさん、桃さんによって進められ、二人の対話で選択理由の説明文は完成されました。あずきさん、桃さんの授業後記述はこの説明文を基にしたため、似た内容になったのだと考えられます。一方、選択肢や理由の記述に関する議論に参加しきれなかった稔くんの記述は、二人の議論の結論だけを取った簡潔な記述になったと推測できます。

このように、記述として残ったものや対話の大きな流れを見れば、稔くんはグループ議論の蚊帳の外にいたように見受けられます。しかし、実際には「（資料を）見てるけど全然意味がわからない」のように、議論の流れや理由に納得できないときには二人に説明を求めていました。あずきさんもその問いかけに応えて「うーんと、何て言えばいいんだろう？」と、それまで桃さんと議論してきたことをわかりやすい言葉に直して伝えようと試みていました。

このような対話の多面的分析で、稔くんの学びについてその多様な側面が見えてきます。その一方で、一授業の流れを全部追っただけに、彼がこの授業で十分に考えを変化させることができなかったことも見えてきます。

その原因は、どこにあったのでしょうか？

一見すると、彼特有の「お城」の知識を押しつけようとする態度や仲間の話を聞こうとしない態度に原因があったようにも見えます。しかし、彼が議論に入りそこなったポイントを見直すと、それがDを選ぶかAを選ぶかが、軍事的理由以外をどれだけ大切にするかなど、複数の理由を互いに関連づけて地点を選ぶところだったことが見えてきます。

そう考えると、一つの可能性として、この授業では「三つの理由をどう絡み合わせればよいのか」についての決め手がなかったために、資料や仲間の考えをどう結びつければよいかを議論しにくく、稔くんのようなケースが生じたと考えることができるかもしれません。

具体的には、三つの理由を同時に満たす最適な地点がなく、かつ、どの理由を優先するかを決めるための条件がなかった（「戦国大名なら」とだけ課題提示されていたため、優先順位を好きに決められた）から再考する必然性が乏しかったのではないかということです。

これはあくまで仮説でしかありませんし、授業デザインだけに原因があるわけではないでしょう。しかし、**子どもの学び損ないを、子どもだけではなく授業デザインにも起因するものだと考えて、そこに仮説を出してみることによって、次の授業をつくり変える可能性もアイデアも生まれやすくなる**のは確かでしょう。

もし右記の仮説に賭けるとすれば、次回行うときには「どんな戦国大名かを具体的に書き出す（例：争いが激しい時代の大名なのか、経済に統治の重点が移りつつある時代の大名なのかなど、大名のプロフィールを提供する）」、「どの地点にもトレードオフがあること（課題がオープンエンドであること）を明示したうえで、『どこをどの理由で選んだか』という根拠づけをメイン課題とする」などの改善案が考えられます（実際、渡邊先生は後の授業で、選んだ立地だけでなく、重視した理由の割合を円グラフで表させる課題に変更されました）。

右の授業デザインのどれが正解というものではなく、先生方が実践で検証していくべき仮説でしかありません。大事なのは、学びの見とりに基づいて次の授業を改善し検証していくサイクルであり、「評価」に期待される役割は、このサイクルを回し続けていくエンジンになることです。

それが「この子は非協調的な子どもだから」などとラベルを貼って子どもたちの可能性を頭打ちしてしまうことを防ぎ、一人ひとりの子どもの未来に期待することを促すのではないのでしょうか。

2　学びのゴールと学びの解釈

以上が、評価の役割や枠組みだとすれば、次に考えたいのは、子どもたちの学びをどう解釈するかという問題です。それは、そもそも子どもに何を学んでほしいのか、どんな学びを期待するのかという「学びのゴール」について考えることと表裏一体の問題です。

大胆に分ければ、**学びのゴールは「内容（コンテンツ）についての学び」と「学び方の学び」の二層がある**と言えます。学習科学の実践は、内容の学びを基盤に学び方の学びが成立することや、だからこそ学び方の学びまで見据えて内容理解をしっかり保証することの重要性を明らかにしてきました[3]。

そこで、この二つのゴールと、それに照らした学習成果やプロセスの解釈について検討していきましょう。

(1) 内容についての学び

内容についての学びのゴールは、先生が「この授業・単元ではこれを学んでほしい」という中核的な中身―「肝」と言ってもよいですが―について子ども一人ひとりが理解できることです。しっかり理解できれば、学習内容は、学んだ場からもち出せて、必要なときに使えて、つくり変えて発展させることができます。

しかし、先生が学んでほしいと思う内容は、往々にして、子どもたちの素朴な考えとは違っていたり、矛盾していたりすることがあります。たとえば、毎日の通学経験からすると、地球はどうしても平らに思えるのに、学校に行くと先生から「地球は丸い」と聞かされるなどです。それゆえ、子どもたちは自分たちが経験からつくり上げた考え―「経験則」―を、現在の科学で確かだとされている考えへとつくり変えていく必要があるのです。

これを心理学や認知科学の分野では「**概念変化**（conceptual change）」と呼び、たく

資料5　知識と理解の社会的構成

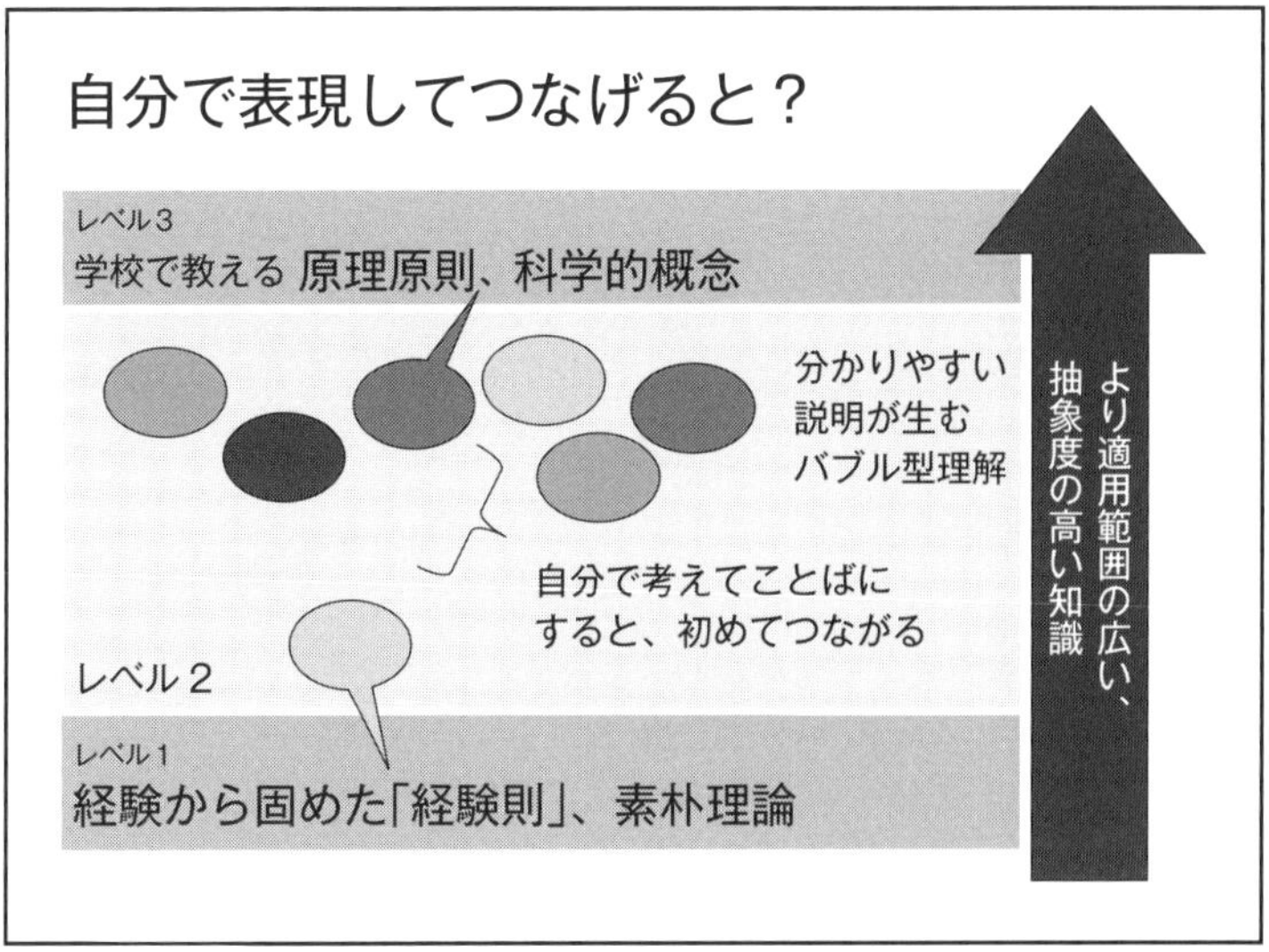

さんの研究を積み重ねてきました。その研究からは、「**学ぶとは概念を変化させることだ**」と捉えられるのです。

三宅[④]の説明を見てみましょう。

（資料5は）知識や理解が社会的に構成される様子を図式的に示したものである。人は、生まれ落ちてすぐ外界を一定のやり方で切り取る装置を持って生まれる。回りのものの見方や、それへの関わり方が一定の方向で起きるよう制約されている。この制約によって、

〈注③〉三宅なほみ・白水始（2003年）『学習科学とテクノロジ』東京：放送大学教育振興会

〈注④〉三宅なほみ（2014年）「社会的構成による概念変化モデルと授業デザインからみた『発達段階』」日本認知科学会第31回大会発表論文集、42〜45頁

小さい子供でも、日々経験することに対して一つの予測を持ちながら、自分の予測を確かめて行くことができる。そうやって、小さい子でも、経験をまとめて予測のための経験則を作る。これが図の一番下にあるレベル1の理解である。

子供は毎日、新しく経験したことを少しずつその中に取り込んで、この経験則を強化したり、少しずつ変えたりしている。家の応接間で柔らかいボールをそっと蹴って遊んでいた子は、「ボールをこのくらい蹴るとあそこまで行く」という経験則を作って、段々行かせたい所までボールを行かせる蹴り方ができるようになるだろう。その子がある時、外の公園でもっと堅いボールを蹴ることになると、最初どの位の力をいれて蹴ったらいいかを決めるには、応接間で作った経験則を使うかもしれないが、外で何回かやるうちに、応接間モデルが特定の公園モデルに「適用範囲を広げて」行くだろう。この子は、応接間に戻れば応接間モデルも使えるだろうから、「適用範囲を広げている」と言える。これがすべて、レベル1で起きること、である。

やがてこの子が学校に上がり、物理学を学び始めると、経験則とはかなり違う「新しい考え方」に触れることになる。極端にいうと、物質に一定の質量がある時、一定の力を加えると、物質は等速運動をする。子供の経験ではこういうことは起きないが、これが今この子が「学ばなければならない」レベル3の科学的知識、「教科書にある考え方」である。

この二つをつなぐのが、レベル2で起きる学習過程である。科学者は、ここに恐ろしい程長い時間と、もう記録に残っていないたくさんの人々を巻き込んでその人たちの間でなされてきた情報交換、実験、結果をもとにした抽象化、抽象化された証拠をもとにした仮説づくり、仮説を実体化して工学的に得られた証拠などを経て、科学的知識を「社会的に構成」した。ここで、レベル3の考え方がわかっている教師が「わかり易い説明」をすると、それはそれだけ独立した、経験則とは別の知識として取り込まれる可能性が高い。ここ30年程の学習科学研究の成果を見ると、こういう「独立してレベル2空間に浮遊する知識」（資料5）は、一定程度学習者の頭の中に留まるものの、使わなくなれば消えてしまう。何より少し別の文脈で取り出されて使われ続けることがほとんどない。

ここで試みたくなるのが、もともと科学者がレベル1とレベル3をつないだ「社会的構成」法である（次頁の資料6）。これを、学び方の一つとして抽出できれば、学校の教室で似た過程を再現できる可能性がある。これが今世界的に実践され、検討されている協調学習という取組みである。

資料6　社会的構成のための協調学習

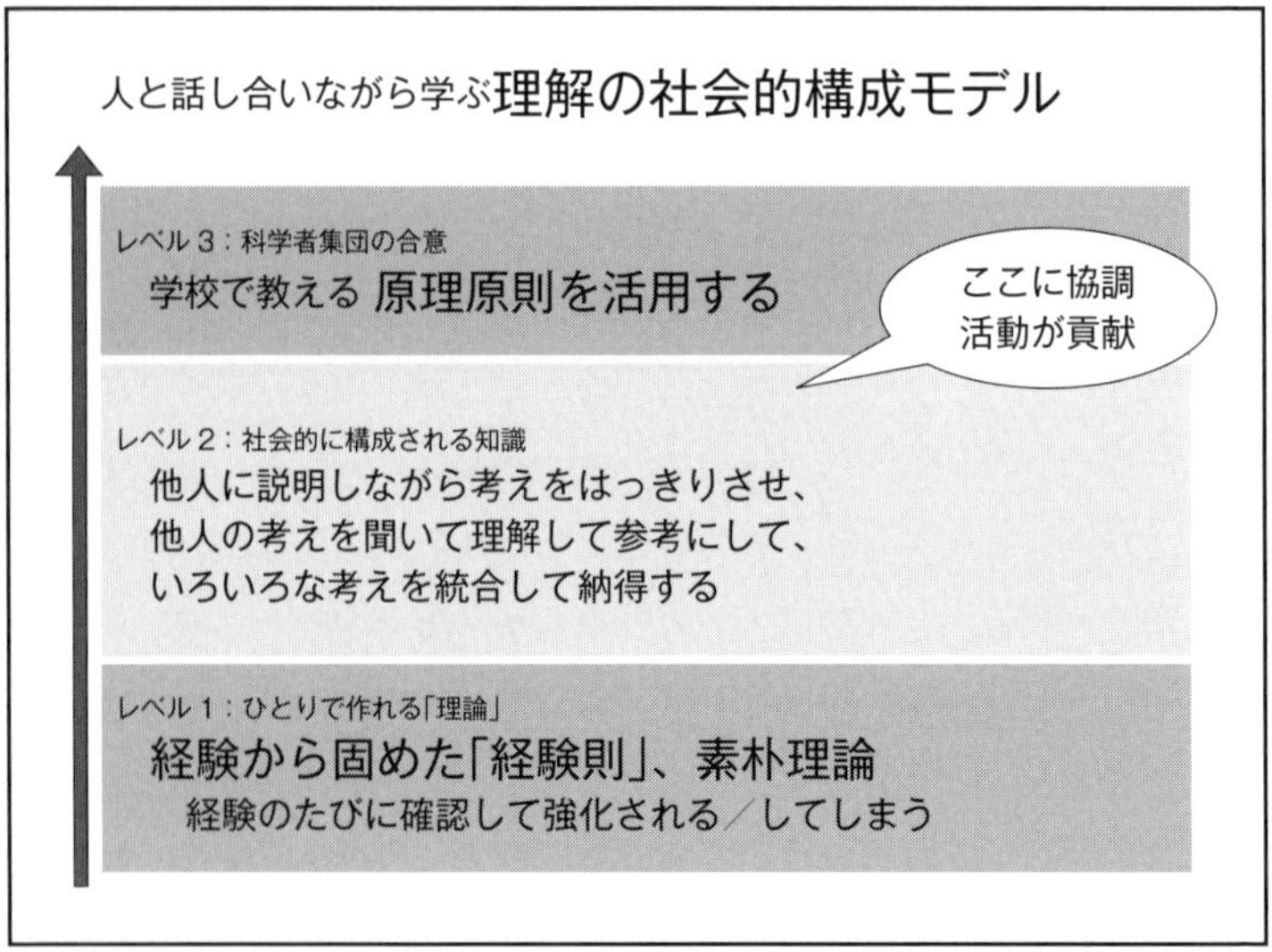
人と話し合いながら学ぶ理解の社会的構成モデル
レベル3：科学者集団の合意
学校で教える 原理原則を活用する
ここに協調
活動が貢献
レベル2：社会的に構成される知識
他人に説明しながら考えをはっきりさせ、
他人の考えを聞いて理解して参考にして、
いろいろな考えを統合して納得する
レベル1：ひとりで作れる「理論」
経験から固めた「経験則」、素朴理論
経験のたびに確認して強化される／してしまう

右記のような概念変化のレベルに照らせば、子どもたちの学びとは、レベル3の科学的知識を頭に詰め込むことではなく、自らのレベル1の素朴概念をレベル3の科学的知識へとつくり変えていくこと、もしくはつくり変えまではいかなくとも、その知識と自分の経験を結びつけた「モデル」（専門的には「**説明モデル**」と呼ばれます[5]）や「ストーリー」をつくることができるようになることだ、と捉えられます。そうだとすれば、子どもたちの学びも、このレベルにしたがって解釈することができるはずです。

たとえば、第1章で紹介したフィリピンでの授業は、レベル3の単利・複利概念をレベル1の自分たちの経験に結びつけ、言い換えていく学びが起きていました。第3章の消化と吸収の授業は、「自分の体はこうやって食べ物を栄養にしているはず」というレベル1の経験則を、その仕組みにかかわるレベル3の科学的知識と結びつけて、各々が消化と吸収の「説明モデル」を組み立てていました。

一方、お城の授業は、「城は高いところにあったほうが強そう」というレベル1の経験則をレベル3の歴史的事実で修正しながら、城の立地に関する戦国大名たちの判断を「ストーリー」として語ることができるようになることをねらっていました。

評価を見越して授業をデザインするためには、子どもたちにわかってほしい「肝」をどのレベルに設定するかが重要です。それが定まってくれば、前節に紹介した「授業前後理解比較法」は、授業の最初から最後にかけて子どもがこのレベルをどう登っていくか、結びつけていくか、「多面的対話分析法」は、そのプロセスがどのように起きているかを解釈することに使えます。

〈注⑤〉 Clement,J.〈2008〉The Role of Explanatory Models in Teaching for Conceptual Change. In Vosniadou, S. (Ed.), International Handbook of research on conceptual change. London: Taylor & Francis Group.

資料７　対話からの学習成果の特徴と評価方法

特徴	内容	評価方法
可搬性 （ポータビリティ）	自分の経験と結びついた「説明」をつくるので、教室や学校の外に持ち出せる	数週間・数か月後も覚えている
活用性 （ディペンダビリティ）	適用範囲が広がっているので、必要なときにうまく使える	応用・活用・発展問題が解ける 続く単元や他教科、生活課題に応用できる
修正可能性 （サステナビリティ）	広く科学者の知見や文化の本質と結びついているので、後から積み上げて発展させうる	学習内容に疑問・興味を持つ 最新情報と結びつける 自ら学び続ける

さらに、そうやってできあがった子どもたちの学習成果は、**資料７**に示した「可搬性」「活用性」「修正可能性」といった特徴[⑥]をもちます。平易な例を出せば、生徒が「知識構成型ジグソー法」で学んだ単元については、定期テストのときに「その場面が思い浮かぶ」と言ってくれるのは「可搬性」、新しい単元に入った途端「あのときのあれだ」と既習に我田引水する姿は「活用性」、授業最後のクロストークでのまとめが多少おかしくても次時に不足を見つけて自ら直したり、エキスパート資料で与えられた範囲外の情報に興味をもって自ら調べたりするのは「修正可能性」の証拠です。

資料７に示したように、それぞれに応じて「一つの授業を越えた」評価方法も考えられることになります。

もう少し詳しくイメージできるように、エピソードを紹介してみましょう。

森山志織校長（福岡県飯塚市立鯰田小学校・当時）がある

とき、小学校6年生の母親に呼び止められました。学級経営や友達関係の相談かと思ったら、息子が家で「お母さん、月の満ち欠けって、どうしてそうなるか知っている？」と話しはじめたというのです。

小学校6年生ともなれば、だんだん親と話さなくなる年頃なのに、その男子児童は月の満ち欠けに関する三浦由梨先生の「知識構成型ジグソー法」の授業[7]が楽しく、自分なりにわかりかけてきた「天体モデル」を聞いてほしかった模様です。

「お母さんは、どう思う？」と聞くので、ささやかな〝Dinner Table Science〟（夕食の席での科学の団らん）が広がったとのことでした。まさに学んだことを教室からもち出す「可搬性」の一例です。

津奈木考嗣先生（宮崎県えびの市立真幸小学校・当時）の4年生のクラスでは、「温度とものの変化」の単元で、「熱した空き缶を急に冷やすとなぜつぶれるのか」というメイン課題について、「水蒸気を集めた袋の冷却」「風船をつけた牛乳瓶の加熱冷却」「温めた三角フラスコ上のゆで卵の冷却時の変化」という三つの実験の体験と説明から理由を考

〈注⑥〉三宅なほみ・東京大学 CoREF・河合塾編著（2016年）『協調学習とは―対話を通して理解を深めるアクティブラーニング型授業―』北大路書房

〈注⑦〉2018年7月4日。

える授業を行いました⑧。

その結果、「温められた水や空気は体積が大きいが、急激に冷やされて缶の中の水蒸気や空気のかさが小さくなると、大気圧によって缶がつぶれる」という期待する解答が、授業最初の予想時には30名中1名しか出せなかったのに対し、授業最後の記述では28名から出されました。

加えて、授業から1か月半後に同じ問いをもう一回聞いてみたところ、30名中無解答は0名で、完全解答が26名でした。これは「論述のむずかしかった学級としてはきわめて高い割合」で、「可搬性」の証だと言えます⑨。

さて、この授業でおもしろかったのは、次のエピソードです。

当日の授業後、先生がフラスコのなかに落ちたゆで卵（エキスパート活動の実験でフラスコを冷やしたので卵が落ちていた）を砕いて外に出していました。それを見た児童が「先生、卵を割らずに出しましょうよ」と声をかけてきました。そこから数名が集まり、「逆さにして、冷やせば出てくるんじゃない？」「温めたほうがいいよ」「水を入れて温めたらどうなるかな？」などと意見を言い合いました。

そこで、翌日の授業でフラスコの温め方なども相談しながら実験を行い、卵を取り出すことに成功したのだそうです。まさに「活用性」の一例です。

子どもが授業で学んだことをすぐ「活用」して疑問を出すことによって、先生が授業終了と同時に器具を片づけ、「区切ろう」としていた学びが区切れなくなり、次の「探究」活動につながっていった事例だと言えます。

板谷大介先生（埼玉県立浦和第一女子高等学校）の3年生のクラスでは、『舞姫』読解の単元の最後に、「人生にとって大事なものは何か？」を問いとして、「男女の愛」か、「社会的地位」か、「友情」か、それとも「その他」のどれかを理由つきで答えてもらう授業を行いました[10]。

この学校は女子高だったこともあり、主人公の太田豊太郎の生き方に否定的な生徒も多くいました。たとえば、授業冒頭の「舞姫を読んで思ったこと」として、「男が情けなかった」「太田が周りの人に気をつかっているように見えて、自分のことしか考えていないように見える」などと記述していました。

〈注⑧〉津奈木考嗣（2014年）「知的好奇心を高め、科学的な思考力や表現力を育成する理科学習指導の在り方」平成25年度えびの市小中学校教育論文

〈注⑨〉児童に「自分がどのエキスパート資料の担当だったか」を思い出してもらうと、正確に覚えていた児童は全体の4割（12名）しかおらず、他の6割の児童は思い出せませんでした。このように「知識構成型ジグソー法」授業で考えを統合することで、もともとの分担が「消える（想起できない）」現象はよく観察されます。知識統合・構成の一指標と言えるでしょう。

〈注⑩〉2012年10月13日実施。

エキスパート活動は、愛か地位か友情かにかかわる本文の各一行だけが書かれた資料を基に、本文も参照しながら、各班の考えをまとめるものでした。

それに続くジグソー活動で、次のような対話が生まれました。

1　すみれ「(大事なものは) 最初は地位で、その後、愛、友情、地位？」

2　あやめ「でも愛というより、エリスに頼られるのが好きだっただけだったのでは？それを置いていくのが嫌だった」

3　すみれ「はっきりしないよね」

4　あやめ「意思がない」

5　つばき「人間としての強さがね。そもそも意思を創り出す経験が小さいときなかった」

(しばらく会話が続いた後)

6　つばき「でもさ、自分がこの立場だったら、そうなるよね。責められないかも」

7　すみれ「(何が大事かは) 状況によるから、いつもこれが大事っていうことはないよね」

8　あやめ「だから、状況に合わせて選べる力がいるのかな？」

女子生徒たちは、この対話に見るように、『舞姫』の展開を押さえた上で（1、2行目）、主人公の状況を自分たちに引き寄せて（6行目以降）、言わば「自分ごと」としてこの問題を捉えるように変わっていきました。

授業後には「『舞姫』を読んで思ったこと」として、次の感想を残しています。

客観的に太田を見ると、「なんて優柔不断で周りによく思われようとしている人なんだろう」と批判的な目で見てしまうが、自分が実際そのような状況に陥ったとき、私は自分が後悔しないと思える選択、他人を傷つけずにすむ選択をできるのだろうか。

自分にはそんな自信はないし、多くの人が太田のような状況になると思った。太田を責めてきたけど、自分もそうなってしまうような気がしてきた。そう考えると、そうならないためには、一つ一つの行動をとるたびに自分がしたその行動が後にどのような影響を及ぼすかを考えなければいけないと感じた。

そして、その瞬間瞬間に自分が今一番大切だと考えているものは何なのか、今の自分を支えているものは何なのかを意識して生きていけたらいいのかもしれない。そうすれば、もし何かを捨てなければならない決断にせまられたときに、自分が後悔しない決断ができるのではないかということを考えさせられた。

授業を行った板谷先生は、「生徒はこの物語を自身への教訓めいたものとして捉えている部分もありますが、…古典、優れたテキストを学ぶことによって人間のなかに養われていく教養とは、生きる知恵を学び、よりよく生きていくための広い視野と深い洞察力を涵養するためのもの」だと授業を振り返っています。

学習内容に興味をもち、「自分ごと」にすることで、将来もその内容を思い出し、結びつける「修正可能性」が生まれます。

これまで「学習意欲」や「モチベーション」と一括りにされてきたような学習成果も、つぶさに見れば、対話による「深い学び─自分の経験と科学の原理原則や文化の本質とを結びつける学び」の成果であることが見えてきます。

「学習意欲がわいた」というときに、それをもう少し詳しく見てみると、右記の学習成果の特徴を伴っているから意欲がわいたように見えるということがあります。

黒見真由美先生（鳥取県日南町日南小学校・当時）の取組は、学習意欲が授業からつくることができることの説得的な例にもなっています。

黒見先生は、日々の宿題で「何でもよいので1日1ページ自分の勉強したいことを書く」という「自学自習ノート」を課していました。従来は、漢字や計算、単発の調べ物や言葉集め学習が多かったのですが、先生が社会科の授業に「知識構成型ジグソー法」を取り入れるようになると、授業が面白かったのか、クラス児童の自習ノートが社会中心に変わっていったのです。

ある児童が「そういえば、この頃自学で社会ばかりやっているような気がします」と書いたように、授業で知りたいこと、学びたいことが増えて、それがノートに現れたということでしょう。私たちは、往々にして家庭での学習意欲は家庭や本人自身が育てるものと思いがちですが、授業から意欲が生まれるという方向性もあることがわかります。

さらに面白かったのは、同じ社会授業の自学自習ノートでも、分類してみると、その日に扱った内容について自分が分担しなかったエキスパート資料も含めてまとめ直す児童、既習の単元に戻って確認し直す児童、未習の内容を先取りして学ぶ児童に分かれたそうです。

その日の授業を学び直すのは、未来に向けて今日の学習内容の保持性・活用性を高めること、昔の内容に戻るのは、その保持性の不足に気づいて高めること、先の内容を学ぶのは、修正可能性の証とそれぞれ考えられるでしょう。

黒見先生によると、このような児童の自分のレベルに合わせた主体的な学び方は、社会以外の教科にも波及していったそうです。

それと同時に、こうした学びは、学び方の学びとも紙一重のものになります。どういうことか、次の節で考えていきましょう。

(2) 学び方についての学び

学びのゴールの二つ目は、学び方の学びです。〝Learning to learn（学ぶことができるようになる）〟と表現されることもあります。

もし、子どもたちが**資料6**で示したような「協調学習」―本書で言う「対話からの学び（対話的な学び）」―を体験しながら、自らの知識・理解を社会的に構成していくことができれば、それは「対話から学ぶ」という学び方自体も学んでいくことに役立ちます。

資料6の三つのレベルを第2章で紹介した対話のモデルと組み合わせてみると、**資料8**のようになるでしょう[11]。

資料8は、図の下のほうからご覧ください。レベル1は、自分一人で（も）できる知識構成ですので、主にはモノとの対話を繰り返し経験することによって、自分なりの経験則をつくり上げるレベルです。

これに対して、レベル2は、同じモノでも他者は違う見方をすることに触れて、その

資料8　社会的構成における対話のモデル

レベル	対話の在り方	構成される知識
レベル3	科学者など専門家集団における対話 自分⇄モノ⇄他者 自分⇄モノ⇄他者 …参加による→ リソースに活用 ⇩ ⇧ 振り返って自分事に	抽象化した理論
レベル2	自分⇄モノ⇄他者 …違いによる→	多様な意見も統合した説明モデル
レベル1	自分⇄モノ …繰り返しによる→	「思い込み」としての経験則

モノや自らの経験則を見立て直し、視野を拡げて違いを統合して説明モデルをつくり上げるレベルです。

レベル3は、レベル2の「他者」として科学者など専門家集団のモノの見方まで学びのリソースに活用し、その対話に（時空間を越えて）参加することによって、抽象化した理論のよさを認めたり自分たちで構成したりするレベルです。

さらには、対話を通して考えを変えた自分たちの過程を、対話を通して知識や考えを前進させ続ける専門家集団の対話に重ね合わせることで、その内容も学び方も「自分ごと」にし、対話から学ぶという学び方自

〈注⑪〉諏訪正樹『「こつ」と「スランプ」の研究—身体知の認知科学—』（講談社、2016年）も、対話的な学びのモデルを考えるヒントになります。たとえば、身体とことばの共創の観点から、「ことばがことばを生む」メカニズムとして諏訪が挙げる「連想」「身体と状況の相互作用」「知識に基づく推論」や、それに続く「ことばがものの見方を生み出す」「問いが生まれる」「新しいモデルが生まれる」といったプロセスは、ここで紹介するモデルにも多分に含まれています。

体を文化として取りこむレベルです。

このレベル3は、人知の「現在の」到達点ですので、それ自体、いまも日々進化・深化し続けています。その意味で、レベル3に到達することは、逆に世界には「まだわからないこと」が無数にあること―知の世界が開かれていること―を知るということでもあります[12]。

以上をまとめると、**「学び方を学ぶ」とは、他者とかかわりながら、問題を解き、理解を深めて知識をつくり、次の問いを生むことができるようになること**だと言えるでしょう[13]。「建設的相互作用」を自ら引き起こすことができるようになることだ、と言ってもかまいません。

問いに対して「自分の考えを出して」「仲間の考えを聞いて」「対話しながら考えを深める」という「知識構成型ジグソー法」授業を繰り返し経験していると、何か問題があると、どうしても「自分の考えを言いたい」「仲間の考えも聞きたい」「違う考えも一緒にしてもっとよくしたい」といった態度が、**「習い性**（second nature）―時間が経っても『消えない何か』」として身についてくるのではないか、ということです。

このような学び方の学びは、今回の学習指導要領で目指されている「資質・能力[14]」の育成とも密接に関係します。具体的には、思考力・判断力・表現力やコミュニケーション能力、コラボレーション能力、イノベーション能力などとかかわります。これらがどんな性質のもので、その育成や評価をどう考えるかは、また別の本が一冊いるほど大きな問題ですので、ここでは、基本的なポイントだけを押さえておきましょう。

まず、私たちはこれらの力を児童・生徒がみんな生まれ落ちたときから潜在的にもっている力だと仮定します。ですが、これらの潜在能力は、赤ん坊がことばを話せるようになるときと同様に、何度も繰り返し使ってみる経験を通してはじめて顕在化します。

「誰でもことばは話せるようになるはずだ」と思っていても、親としては子どもが実際その潜在能力を使って話せるようになるまでは不安が消えないものでしょう。[15]「対話からの学び」の場面は、子どもにとって自分の「対話から学ぶ力」そのものを使うチャ

〈注⑫〉授業後の達成度が高いということは、それだけ未来の学びへの準備ができた、未来の学びに開かれたと考えることもできるでしょう。逆に授業後の達成度を評価するための先生の期待する解答というものが、こうした未来の学びを見据えたものになっているとよいということになります。

〈注⑬〉こう考えると、たとえば教科書というものも、小中9年間、あるいは小中高12年間で子どもが自ら構成し得る人知の到達点の集大成になっているか、そして教科書の向こうに開く知の世界へと子どもたちが進む後押しになっているかという観点で見直すことができるかもしれません。

〈注⑭〉「資質・能力」には知識・技能も含めて定義されていますが、ここではより狭義な資質・能力を指しています。

〈注⑮〉たとえ話し言葉での会話がむずかしい子どもでも、テクノロジーを使った意思表示や会話ができるように（https://www.apple.com/jp/researchkit/）、コミュニケーション能力は、より根源的な能力だと考えることもできます。

ンスになるのと同時に、先生など周囲の者にとって、その子どもが潜在能力を使えるかを見るチャンスにもなるわけです。

その資質・能力の発揮の評価は、大別して三つの方法で行えるでしょう。

①学習成果から間接的に推定する方法
②学習プロセスを直接評価する方法
③長期間経過してから学びのプロセスを振り返ってみる方法

先述したように対話から深く学んだ証拠は、授業前から授業後に向けての知識・理解の深化と、学習成果の可搬性や活用性、修正可能性から捉えられます。逆に言えば、そうした特徴をもった学習成果が生まれたことをもって、上記の資質・能力を発揮していたと推定することができます。つまり、**内容の深まり方から、その学び方が透けて見える**と考えるわけです。

だからこそ、たとえ「コミュニケーション能力」や「創造力」など、教科と関係なさそうに見える「〇〇力」の評価であっても、内容と切り離さず、一体化して行うことが大事になってきます[16]。

これに対して、資質・能力の学習プロセスからの直接評価はまだまだ研究例も少ないです。ただし、「知識構成型ジグソー法」であれば、授業の型に組み込まれているコミュニケーションやコラボレーションのチャンスに、子どもがどういう言動をすることを期待するのかを決めておいて、実際その言動が起きるかを観察するというやり方が考えられます。

たとえば、「知識構成型ジグソー法」の授業では、互いに知らない情報をもっている「はずだ」ということになっているので、たとえエキスパート資料について「ここがわかんないの」と言うだけでも、人に伝えたいことが生まれることになります。それがコミュニケーション能力を発揮するチャンスです。

逆に、互いに読まなくてもわかるような資料だと、せっかくの仕掛けが生きないことになります。ちゃんと仕掛けをしたうえでなら、その能力の発揮を子どもの言動の有無から判断できることになります。

〈注⑯〉三宅（2014年）『平成25年度活動報告書　協調が生む学びの多様性　第4集』が「スキルの育成が新しい学びのゴールになったように見えても……人々の生活を支えるのは個々のスキルではなく、それらの組み合わせが産み出す「もの」である。アイデアや意見も立派な「もの」である」と書くように、大事なのは生活や社会、文化を支えるアイデアやプロダクトなどの「もの」であり、スキルなどの資質・能力はそれを生んでいくためにあります。

その際、先生が何を「コミュニケーション能力」と思っているかも重要です。「きちんと資料の説明ができること」だと思っていると、「わかんないの」という発言は、能力の発現（現れ）としては見逃されてしまうでしょう。しかし、**深い学びに至る対話を蓄積してみると、こうした小さなつぶやきや疑問の探究こそが、学びを駆動していることが見えてきます。**

それゆえ、「○○力」と言われたときに先生がそれを一体どういうものだと思っていて、それをどんな子どもの学びの具体的事実から見とろうとしているのかがとても重要だということになります。

最後に、長期間経った後の振り返り、言わば「**超長期評価**」の可能性について考えてみたいと思います。

第3章で紹介した広島県安芸太田町の取組は、2019年度で10年目ですので、たとえば萩原先生と高瀬先生の小学4年生対象のサーキットの授業を受けた子どもたちが中学生になってどう学ぶかを見とり続けることができます。

先生方と一緒に小学生の頃のビデオを見直すと、仲間の説明をなかなかわかってくれなくて、疑問を出し続けていた男児の学び方は、中学生になっても変わっていなくて、さらに磨きがかかっていること、ほかの授業でも、「わからないことは積極的に突っ込んでいく」男児や、「相手の考える時間を尊重して待つ」女児の姿が中学生になっても消えないことを口にされます。

「この話は変だ」「資質・能力が育まれているのだったら、子どもの姿が劇的に変わっているはずだ」と思われたでしょうか？

その背後には、「資質・能力の育成」と聞いたときに、それを急ごしらえの付け焼刃で身につけさせられるスキルの束だとイメージするのか、それとも本人の個性やもともともつ学び方を基盤に、時間をかけ経験を積み重ねてバージョンアップしていくものだとイメージするかの違いがあるのでしょう。

私たちの大前提の仮説は、子どもが問いに対して「自分の考えを出して」「仲間の考えを聞いて」「対話しながら考えを深める」という力を潜在的にもつ、というものです。ですから、（第３章で見たように）「知識構成型ジグソー法」授業はどこでもできます。

しかし、その「授業が成立する」「どの子も学ぶ」という成果のうえで、もう少し詳しく一人ひとりの学びを見てみると、その子なりの「考えの出し方」や「対話の仕方」「まとめ方」「記述などの『形』への残し方」があります。

そのやり方が一人ひとりの潜在能力を引き出す授業の繰り返しのなかで、**それぞれ固有な学び方をもつ仲間とのやり取りを通して、少しずつ少しずつ磨かれて顕在化する**

（習い性になる）というのが「人が長期的に学ぶ＝賢くなっていく」という過程なのだと考えます。

本章で紹介してきた「知識構成型ジグソー法」授業の評価は、どれも「一授業」を対象としているだけに、小さくて継続的に実施して蓄積できる評価です。その評価結果の使い方を工夫してみることで、私たちはよりいっそう、一人ひとりの子どもの学びや成長に迫り、子どもはいかに学ぶものかについて深く知り、ひいては子どもたちに大きな期待をもてるようになっていくのではないでしょうか。

第5章
対話から学ぶ教師のコミュニティ

1　認知科学から学習科学、そして実践の科学へ

これまでの章で、人が対話で学ぶ仕組みやその仕組みを教室に持ち込む授業、そして授業における子どもたちの対話の評価、つまり、対話をどうデザインし、見とるかについて考えてきました。

表舞台の主役は子どもたちですが、その舞台をつくる影の主役は、教師である先生方です。そう考えると、第４章の評価の営みも「子どもたちの対話からの先生の学び」と言い換えることができます。

子どもたちの対話的な学びにおいては、一人ひとりが学習課題に対して主体的に考えをもち、それを共有・吟味することによって、対話をはじめる前よりも各自の考えを深めていきました。

そうだとすれば、先生も「授業づくり」という共通課題について、一人ひとりが仮説をもち、初任の先生もベテランの先生も対話を通して仮説を内省し深めていけるとよいでしょう。そこで生まれた仮説もまた、一人ひとりで違い、誰の仮説も完全ではないからこそ、先生は生涯を通じて学び続けます。

仮説を授業の形にして実践してみると、また次の課題が見つかる──その未達成感や不完全感が先生を前進させるのです。そんなふうに日々学んでいくことができれば、教師という職業も、もっと創造的で魅力的なものになるはずです。

そこで本章では、先生方が仲間や研究者との対話を通じて、子どもたちの対話から学ぶことができるのかについて考えてみましょう。

この問いは、学びをめぐる新しい科学をつくっていくことができるかという問いにもつながります。認知科学にもとづいて学習環境をデザインし、教育現場や職場で「賢さ」を引き出し伸ばそうとしたのが学習科学でした。その学習科学も1990年代の成立当初に比べると、「理論の科学」から「実践の科学」へと生まれ変わってきています。

それはどういうことか、少し触れておきましょう。

まず、第2章で「認知科学をもとに授業をつくる」と書きましたが、第3章や第4章で見たとおり、「どんな人もこう学ぶ」という普遍的な理論が存在していて、そこから直接「授業はこうデザインすればよい」といった理想の授業デザインが出てくるという単純な話ではありませんでした。子どもは一人ひとり多様であり、その間に起きる相互作用はもっと多様で複雑なものだからです。むしろ学習研究は、学習が単純なプロセスで生ずるものではないということを見いだしてきた研究だとすら言えます。

第2章で示した考えの外化や対話、振り返りといった活動も、単に行いさえすればよいわけではありませんでした。どういう課題や形式、タイミングで行えばよいかは、授業のねらいと目前の学習者の状態で変わります。だからこそ、学習科学も単に認知科学の原理を適用するような学問分野から、一回一回の実践に合わせて何をするとよいかも変わるという複雑性・多様性を含み込んだ科学―**「実践の科学」**―へと変わってきました。

これからは、ねらいにしたがって、いつ、何を、どのように行えばよいのか、といった判断を教師が下すことを支えられる科学になっていけるかが問われています。

それは同時に、その状況をデザインする先生方一人ひとりが自分の科学をつくっていく必要があるということをも意味します。状況判断には、何を行いたくてその状況をつくるのかというねらい、そして児童・生徒の実態も含めた「その状況」をよく知る先生の洞察が求められるからです。

その意味で**「実践の科学」をつくるということは、私たち一人ひとりがみな実践者でありかつ、認知と学習の研究者になるということを意味する**のです。

以下、2節でそうした教師の学びのゴールをどう考えればよいか、3節で学びを支える「型」や「ツール（道具立て）」、4節で学びを支える対話の場について順に考えていきましょう。

2　教師の学びのゴール

第4章では、子どもたちの学びのゴールを3つのレベルで考えるモデルを示しました。そのレベル2において、学習対象に関する自分の経験則（レベル1）を一般的な原理原則（レベル3）と結びつけて、自分なりの納得をつくり上げることが大事だと説明しました。

このモデルを「子どもの学びに関する先生の学び」にも適用してみると、日々の教室で培った「自分なりの教え方」がレベル1の経験則的知識、教育政策の背景にあるような学術研究がレベル3の理論的知識にそれぞれ当たると考えられます。CoREFは、これを協調学習の授業づくりに適用して**資料1**のように説明しています。①

資料1　教師の学びのデザイン

レベル3：学習科学研究者、実践者、実践支援者などの合意 学習者中心主義、社会的構成主義 協調的課題解決場面での実現
レベル2：適用範囲の広がった「知識構成型ジグソー法」解釈 授業実践についての建設的相互作用から 生まれる少し抽象的で視野の広い 「デザイン原則」の個別解釈
レベル1：ひとりでつくれる経験則 授業者の経験に基づく授業づくり原則

〈注①〉CoREF（2014年）『自治体との連携による協調学習の授業づくりプロジェクト　協調が生む学びの多様性　第4集（平成25年度報告書）』東京大学　大学発教育支援コンソーシアム推進機構、179頁。

レベル1の知識は、これまでにグループ学習などを行った経験から、先生個人がつくり上げた経験則です。

たとえば、「グループには司会役の子どもがいたほうがよい」「議論は活発であればあるほどよい」「発言はみな同じくらいできたほうがよい」などの経験則がこれにあたります。

これに対してレベル3の知識は、協調学習の基盤となる学習者中心主義や社会的構成主義等の理論です。建設的相互作用理論をここに入れてもよいでしょう。

これらは人の実際の学び方や問題の解き方を基盤にしていますので、そこからたとえば、「問題を解きだすと課題遂行者とモニターの役割が自然に生まれ、随時交代する」「モニターは黙っていても考えている」「人の理解をつくるのは、発言量よりも、実際にどういう発言をしたかなどの『表現の形』である」などという少し新しい知見が見えてきます。

レベル2の知識は、授業を協調学習の型（例：知識構成型ジグソー法）にしたがって実践した経験をもち寄り、個別具体的な授業実践における子どもの学びをまとめて説明することで、レベル1の経験則の抽象化を図りつつ、レベル3の理論を授業づくりの原則（デザイン原則）に落とし込むことで生成される知識です。

ですので、建設的相互作用が自然に起きるような授業をデザインできれば、「役割交代を通じて子どもたちは話したり、黙って聞いたりしながら考え、自分の表現をつくる。その知識構成を妨げないように司会は無理に立てなくてもよい」といった原則が生まれてきます。

こうした**先生同士の建設的相互作用を通した「自分の授業デザイン原則」のつくり直しが、教師の成長を引き起こす**と言えます。

小河園子先生[②]（埼玉県立浦和高等学校・当時）は**資料1**の図式を用いて、次のように述懐しています。

教員は自分の授業のつくり方ややり方を、職員室の隣の教員と合わせてまとめて説明できるか、普段試していないから、自分の授業はよくても、急に「アクティブ・ラーニングだ」とか「バカロレアだ」とか言われると、揺さぶられてしまい、飛びつくか極端に抵抗するかをしてしまう。だから私たちは授業での子どもの学びを

〈注②〉Ogawa, S.（2016）. Knowledge constructive jigsaw in order to acquire a communicative knowledge base in high school ESL classrooms. In Looi, C-K., Cress, U., Polman, J., & Reimann, P.（Eds.）Transforming Learning, Empowering Learners: ICLS 2016 Conference Proceedings, Volume 1, 1078-1079.

ちゃんと説明していくことが必要なのだ。

主体的・対話的で深い学びといった新しい学びを実現できるために、教師には、対話を通して実践と理論を結びつけ、自らの授業づくりのデザイン原則を創出していく学び方が求められています。

では、それを具体的にどうやって行っていくか？　それが次の問いです。

3　教師の学びを支える「型」と「ツール」

資料2は、先生方同士の対話を通じて授業をつくり、それを先生方の授業づくりのデザイン原則につなげていくための枠組みの一例を示したものです。

子どもたちに実現したい学びのゴールに向けて、授業の場においてそれを引き起こしやすくする授業手法**―授業の型―**が「知識構成型ジグソー法」です。ただし、この手法は問いや資料まで決まっているわけではありません。**資料2**の右下のように先生方がご自身の教科や単元で実際に授業をつくりこむ必要があります。

そこで、実際に実現したい学びが起きたのかを見とり、授業デザインの成否を振り返

資料2　対話を通した授業づくりの枠組み③

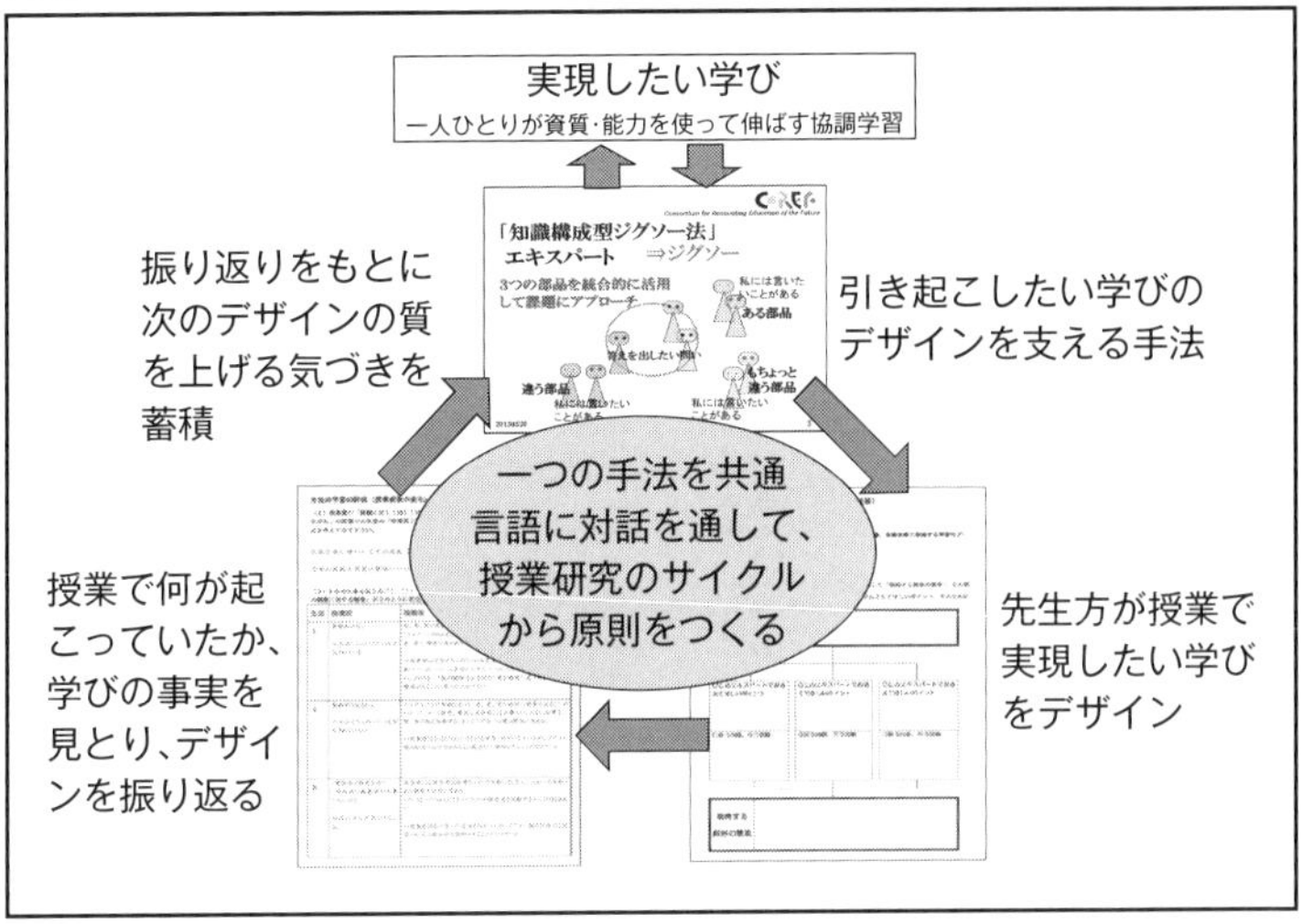

るのが、左下の「評価」です。学びの事実にもとづいて、デザインのよかったところ、よくなかったところを判断できれば、そこから次の授業デザインに使える「気づき」がたまっていきます。この「授業研究」のサイクルを繰り返し回していくことができれば、たくさんの気づきをさらにまとめて「授業デザイン原則」をつくっていくことができます。

先ほど「一人ひとりの先生が自分の科学をつくっていく必要がある」と書きましたが、それは何も一人でこの作業をすることを意味するわけではありません。先生方同士、あるいは研究者や他の関係者も巻き込んで一緒に

〈注③〉CoREF（2019年）。『自治体との連携による協調学習の授業づくりプロジェクト　協調が生む学びの多様性　第9集（平成30年度報告書）』。東京大学 CoREF、22頁、一部編集

つくっていってよいのです。

一つの授業から一人ひとりがいきなりデザイン原則をつくるのではなく、みんなの気づきをまとめて「たった一つの原則」にまとめあげるのでもなく、**先生自身の目的とニーズにしたがって、必要なだけの気づきを集めて関連づけ抽象化した、まさにレベル2の「納得モデル」として授業デザイン原則をつくっていけばよい**のです。そのまとめが先生の次の授業づくりを支えます。

その先生方同士の対話を支える授業の「型」と授業デザインと振り返りのための「ツール」について詳しく解説していきましょう。

(1)「型」にもとづく授業づくり

これまでの章で見てきたとおり、「知識構成型ジグソー法」という型は、「人はいかに学ぶか」の研究にもとづき、子どもたちの対話から学ぶ力を最大限引き出せるようにつくられてきたものでした。しかし、子どもの力を引き出すはずの仕組みになっているからといって、一つの問いと三つの資料を用意しさえすれば、必ず子どもの力が引き出される学びになるわけではありません。

たとえば、中学校の社会科で「太閤検地」「刀狩令」「身分統制令」という三つの制度について学ぶ授業をつくるとしましょう。これら三つをわかりやすく解説したエキスパート資料を用意したとしても、もしメインの問いが「豊臣秀吉がつくった三つの制度について学ぼう」であれば、生徒の解答は三つの制度の特徴を抜き出したものにとどまってしまうでしょう。そうなると、仲間と一緒に学んだことを結びつけて答えをつくることにはなりませんし、その発表も熱心に聴き合いたいと思いにくいでしょう。

そこで、もしこの問いが「豊臣秀吉はどんな社会をつくったのだろうか？」だったら、どうでしょう？　生徒が三つの資料内容を有機的に関連づけて、「秀吉は、武士と農民を厳しく区別し、刀も取り上げて、農民が確実に年貢を納めないといけない社会をつくった。これによって農民が反乱することを防ぎ、年貢も確実に手に入るので、武士にとっては安定した社会になった」という核心をつかむことができるような授業になるのではないでしょうか。[④]

この例に見るように、授業の型を生かすも生かさぬも先生の授業デザイン次第です。逆に言えば、**「知識構成型ジグソー法」は、先生方の具体的な授業デザインと組み合わさってはじめて、子どもにとって意味のある授業の型になる**ということです。

〈注④〉２０１１年11月18日実施。

それでは、授業の型を生かすための原則というものはあるのでしょうか。下記は、CoREFが示している授業づくりのための「デザイン原則」です。[5]

①一人では十分な答えが出ない課題をみんなで解こうとしている。
②課題に対して一人ひとりは「違った考え」をもっていて、考えを出し合うことでよりよい答えをつくることができる期待感がある。
③考えを出し合ってよりよい答えをつくる過程は、一筋縄にはいかない。
④「答えは自分でつくる」「また必要に応じていつでもつくり変えられる」ことが当然だと思える。

メイン課題を用意するとしても、それが「一人では十分な答えが出ない課題」になっているか、エキスパート資料が「違う考えを出し合うことでよりよい答えをつくる期待感」をもてるものになっているか、ジグソー活動が三つの資料内容を聞いた途端に答えが出るようなものになっていないか、授業のあらゆる段階で子どもが何度も自分の考えをつくり変えていくことが許されているか[6]など、授業づくりの基本をチェックできる原則になっています。

その一方で、これらはあくまで出発点としてのデザイン原則でしかありません。先生方がご自身の授業に活用しながら、自分なりの原則をつくっていくきっかけを提供するものです。

それでは、授業がこの四つの原則に叶っているか、あるいはどういう授業をデザインしたらどういう子どもの学びが起きたのかをチェックし、他の先生と対話するためにはどうしたらよいのでしょうか？

そこで私たちが用意している一つが、授業案や授業デザインシートなどの書式です。

(2) 授業デザインを支えるツール

先生方の協働での授業づくりを支えるツールの一つが、「知識構成型ジグソー法を用

〈注⑤〉三宅なほみ・東京大学CoREF・河合塾編著『協調学習とは―対話を通して理解を深めるアクティブラーニング型授業―』北大路書房、2016年

〈注⑥〉知識構成型ジグソー法は問いや資料を教員が準備する点で、「強制的」に見えるかもしれませんが、実は問いや資料の提供という「形」よりもこだわっているのは、それによって子どもたちからいかなる学びを引き出せるか、です。制約をかけて状況をデザインすることで、子どもたちが主体的に対話し、深く学ぶ授業が実現できるかに挑んでいると言ってよいでしょう。

いた協調学習授業　授業案」（以下「授業案」）です。[7] 紙幅の都合で、「授業案」を簡略化した「授業デザインシート」を**資料3**に掲載します。

どのような「対象」の児童・生徒に、どのような「教科のねらい」を達成するために本授業を行うのか、を考える構成となっています。さらに、それをどのような「課題」の解決を通して実現するのか、その課題に先生が「期待する解答の要素」は何なのか、その答えを出すために先生が必要だと考える知識の部品は「エキスパートでおさえてほしいポイント」として提供できているのかを確認できるシートです。

一般的な授業案といえば、「学習指導案」（単元案やねらいを詳述したうえで、時間ごとに先生がどういう教示をしたら、児童・生徒がどう反応しそうで、そこにどういった指導・支援を行うかを記したもの）がイメージされるでしょう。

それに対して、このフォーマットは、児童・生徒主体の学びをどうデザインするかに

〈注⑦〉「授業案」については、次に詳細が説明されています。
CoREF（2014年）『自治体との連携による協調学習の授業づくりプロジェクト　協調が生む学びの多様性　第4集（平成25年度報告書）』。東京大学　大学発教育支援コンソーシアム推進機構、182～185頁。
授業デザインシートと比べると、「対象」の項目を「児童生徒の既有知識・学習の予想」に変え、児童・生徒の授業前の知識・理解にフォーカスするものにし、「本時の学習と前後のつながり」「一連の学習で目指すゴール」という項目を追加することで、児童・生徒が活用できる・活用していく知識・理解の文脈を意識するものにしています。

資料3　授業デザインシート

学校名				氏　名	
学年		教科等		単元名	

1. 対象（授業を受ける生徒の概要、普段の学習の様子、扱う内容についての既有知識の予想）

2. 教材のねらい（この授業を通じて生徒に何を身につけてほしいか、この後どんな学習につなげるために行うか）

3. 授業のデザイン（「授業の柱となる課題」、最終的にその課題に対して「期待する解答の要素」、その要素を満たした解答を生徒が出すために各エキスパートがおさえてほしいポイント、そのために使えそうな資料など）

課題	

○このエキスパートでおさえてほしいポイント	○このエキスパートでおさえてほしいポイント	○このエキスパートでおさえてほしいポイント
⇒具体的に使えそうな資料や活動	⇒具体的に使えそうな資料や活動	⇒具体的に使えそうな資料や活動

期待する解答の要素	

主眼があります。さらに、これを「知識構成型ジグソー法」を知る先生のコミュニティで共通に使えば、授業デザインが共通理解されているだけに授業の中身の議論に集中できる利点があります。**型があることによる共有のしやすさをこのツールが加速する**と言えるでしょう。

(3) 振り返りを支えるツール

では、先生同士で対話し、授業案と教材を適切にデザインしさえすれば、授業はうまくいくものなのか…というと、そうは問屋が卸しません。

ある小学校6年生の理科授業で、次のような実践がありました⑧。

【メイン課題】「ぼうを使った『てこ』で重いものを軽々と持ち上げるためにはどうすればいいでしょう?」

●エキスパートAは「力点」を「支点」から遠ざけたほうが小さい力で持ち上がることがわかる実験を行う。

●エキスパートBは「支点」を「作用点」に近づけたほうが小さい力で持ち上がることがわかる実験を行う。

●エキスパートCは「作用点」を「支点」に近づけたほうが小さい力で持ち上がることがわかる実験を行う。

非常にシンプルな構造で、小学生でも十分学びがいのありそうな授業に見えます。ところが、授業前後の解答を集めてみると、「支点と作用点を近づけ、力点を遠くする」と（その先生が期待していた）解答を、授業前から書いている児童がいました。授業後も一文字たがわず同じ答えです。

これは、どういうことなのでしょう? 授業を行った中原昌史先生（和歌山県有田川町立藤並小学校・当時）は、次のように述懐しています。

前時に、ぼうを使ったてこで自由に遊ぶ活動を取り入れていました。すると、その活動を通して、本時の課題に対する答えをすでに見いだしていた児童が少数ながらいたのです。（このような児童にとっては）学びの薄い1時間となってしまった…。

〈注⑧〉2014年10月17日実施。

授業後だけでなく、授業前に子どもたちの予想する解答を書かせたからこそ、「学びの薄さ」が見えてきて、授業を反省するきっかけになったわけです。

中原先生は、この後、本時で行った授業を単元の冒頭にもってくるようにしたそうです。その結果、「どの児童の学びも深める授業にすることができた」と話してくれました。この事例から、教材のよしあしだけでなく、児童・生徒の既有知識や理解に照らしてそれをどこで行うかも、子どもの学びを深める重要な要因になることが示唆されています。

こうした振り返りを誰もが効率的に行えるように開発されたのが、**資料4**「知識構成型ジグソー法を用いた協調学習授業　授業者振り返りシート」（以下「振り返りシート」）です[⑨]。とりあえず3名だけでもよいので、授業前後での児童・生徒の答え―先生の解釈ではなくローデータ―の変化を確かめ、それによって学習の成果や学習過程を振り返り、授業の改善点を考察する構成になっています。

授業案と教材を共有するだけでなく、この振り返りシートも共有することで、「先生

〈注⑨〉CoREF（2014年）『自治体との連携による協調学習の授業づくりプロジェクト 協調が生む学びの多様性 第4集（平成25年度報告書）』。東京大学 大学発教育支援コンソーシアム推進機構、182～187頁。A4・2頁にわたりますが、紙幅の都合上、短縮してあります。

資料４　知識構成型ジグソー法を用いた協調学習授業　授業者振り返りシート

授業日時／教科・単元 ＿＿＿＿＿＿＿＿／＿＿＿＿＿＿＿＿＿＿＿＿

授業者 ＿＿＿＿＿＿＿＿　教材作成者 ＿＿＿＿＿＿＿＿

1. 児童生徒の学習の評価（授業前後の変化）

(1)　３名の児童生徒を取りあげて、同じ生徒の授業前と授業後の課題に対する解答がどのように変化したか、具体的な記述を引用しながら示して下さい。実技教科等で児童生徒の直接の解答が取れない場合は、作品の写真等、メインの課題に対するパフォーマンスの変化がわかる参考資料を貼付してください（別紙も可）。

児童生徒	授業前	授業後
1		
2		
3		

(2)　児童生徒の学習の成果について検討して下さい。授業前、授業後に児童生徒が答えられたことは、先生の事前の想定や「期待する解答の要素」と比べていかがでしたか。

2. 児童生徒の学習の評価（学習の様子）

児童生徒の学習の様子はいかがでしたか。事前の想定と比べて、気がついたこと、気になったことをあげてください。

3. 授業の改善点

児童生徒の学習の成果や学習の様子を踏まえ、次の３点について今回の授業の改善点を挙げて下さい。

(1)　授業デザイン（課題の設定、エキスパートの設定、ゴールの設定、既有知識の見積もりなど）
(2)　課題や資料の提示（発問、資料の内容、ワークシートの形式など）
(3)　その他（授業中の支援、授業の進め方など）

の教え方」のよしあしではなく、「子どもの学び」の事実に目が向かいやすくなります[10]。

そして、たとえ授業を行った先生から見たら「失敗」だったとしても、そこからみんなで学ぶことができます。「子どもはこんなところでつまずくのか」「だったら、私のクラスでやってみるときには、こうすればよいのではないか」という気づきを得られるからです。

それが、**資料2**で描いたような授業デザイン―実践―振り返りのサイクルを通して一人ひとりの先生が実践的研究者になっていくリソースになるのではないかと思います。踏み込んで言えば、それが「これは検証済みのよい教材だから私の教室でやってみよう」というだけではないマインドセット、つまり、**自分で試しながら、よりよいと思う形につくりかえていくマインドセットを養う**のではないかと期待しています。

4　学校を超えた学び

授業の型やデザイン、振り返りのためのツールは、学校や自治体を超えて、先生方が学び合う基盤となります。これに加えて、遠隔でも授業について議論できるメーリングリストのようなＩＣＴ環境があれば、先生は校種や教科の違いそのものをリソースにして、会ったこともない地域の先生や研究者、各教科の専門家と一緒に授業づくりを行うことができます。

それは「知識構成型ジグソー法」の授業づくりという「一人では十分な答えが出ない課題」を解決しながら、ご自身の「人はいかに学ぶか」論と授業デザイン原則をより豊かにしていくことにもつながるはずです。

そこで東京大学CoREFは、いまから10年前の２０１０年に、６県13名の研究推進員の先生とともに「新しい学びプロジェクト」をスタートさせました。10年経った２０１９年度は、17都道府県26団体１５３名の研究推進員、６３１名のサポートメンバーで活動しています。ずいぶん大きくなりました。

プロジェクトは、年に数回の教科部会や公開授業研究会、教育長・指導主事らの協議会、年に一度の報告会と各校での授業実践、そしてメーリングリスト（以下「ＭＬ」）での議論を含みます。ここではＭＬの役割にフォーカスして紹介しましょう。

このＭＬは、２０１０年度から「国語」「社会」「算数・数学」「理科」「全体・その

〈注⑩〉「同じ問いを二度聞く」という「知識構成型ジグソー法」の特徴が、子どもたちの学びに対する先生の振り返り（リフレクション）にも役立ち、振り返りシートというツールが「評価のための授業の型」という特徴をより引き出すということでもあります。

他」の5つのグループでスタートし、2012年度に「英語」を追加しました。MLには、研究推進員、自治体の担当者、サポートメンバー、プロジェクトから脱退した自治体等のOBを登録しています。

日本では少子化・過疎化もあって、教科の担当先生が学校に一人しかいないという自治体も少なくありません。それがこのMLを活用することによって、離れた地域にいる研究推進員の先生同士が日常的に情報を共有しながら、大学の学習科学研究者や教科内容の専門家と共に、教材について議論できる環境となっているのです。

各推進員の周りには、学校内や自治体内で教材開発に協力する同僚の先生が数多くいます。研究推進員は、自治体内での検討と連携の授業づくりの場での検討を往還しながら、教材を完成させます。

この過程で興味をもった同僚の先生は次年度以降MLに参加することができますし、研究推進員はネットワークの中核たる「コーディネーター」としても活躍できます。こうした持続的な発展によって、多様な参加者が各自の望むレベルで参加できる緩やかな研究実践ネットワークを形成していく、それが、MLの長期的な目標でした。

また、ML上での教材の検討は、実際に教室で授業を実践する前に、そこでどんな学びが起きそうかの「想定」をつくること、そして授業後に時間を置いてどんな学びが起きたかを振り返ることにも役立ちます。

子どもたちの複雑な対話を見とるなら、それだけたくさんの「目」が必要です。同時にその「目」は、事前に何が起きるかを想定することで磨かれます。

こうしたＭＬのいわば「デジタルな世界」と対面の授業観察や協議の「アナログな世界」の往還による対話を通して、実際どんな先生方の学びが起きたかを見ていきましょう。

(1) 子どもたちなりの発見を支える

最初の事例は、竹本賢之先生（山口県防府市立華西中学校・当時）が２０１６年11月中学校１年生19名対象に行った数学「反比例の利用」の授業です[11]。

第２章の「建設的相互作用理論」の考え方に照らすと、竹本先生が授業をめぐる「課題遂行者」を担い、研究者や授業後協議の参加者が「モニター」を務めたことになります。


〈注⑪〉２０１６年11月４日実施。

資料5　「反比例」授業のメイン課題

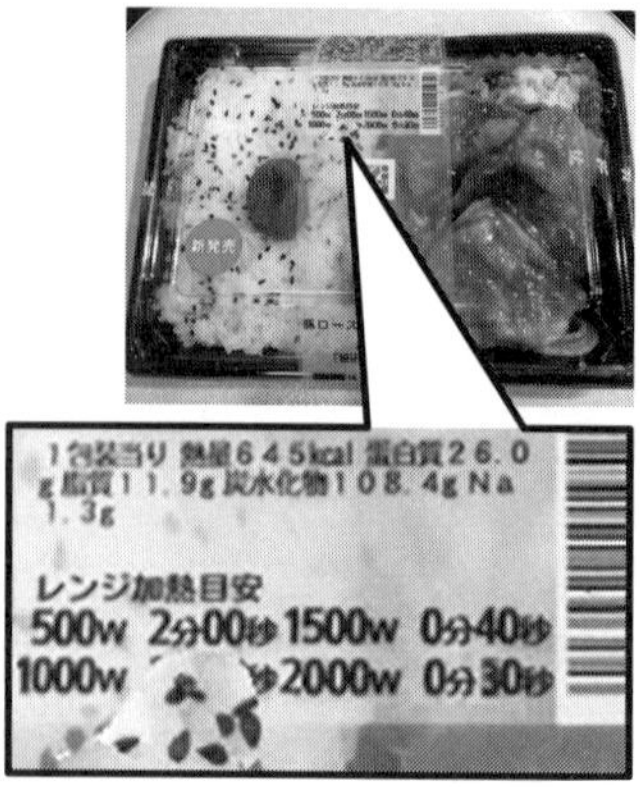

　竹本先生がお弁当をレンジで温めようと思ったら、1000wの時間が書かれている部分が破けていて時間が気になった。
　しかも、これから使おうと思うレンジは1000w、600w、200wの切り替えしかできないから、時間がわからない。
　温めるのに適した時間を求める方法を見つけ、竹本先生を助けよう。
　でも納得できる説明がないと、不安だよ。

まず、最終的な「知識構成型ジグソー法」授業のメイン課題を**資料5**に示します。

お弁当のシールには「500w　2分00秒　1500w　0分40秒」などと表示されていますので、反比例と考えると、1000wのときの正解は60秒になります（こんなに綺麗に反比例するのには驚きですが）。

①事前のML上での検討

竹本先生は、授業案を10月下旬にMLに投稿し、CoREFの齊藤萌木特任助教（以下、齊藤先生）と計3回やり取りして、教材を3回改訂しました。投稿の趣旨は次のとおりです。

竹本先生（1通目）：

　1年生の比例・反比例の利用で添付してある課題「レンジのワット数と時間の関係」を行お

うと考えているのですが、エキスパート資料についてアイデアがまったく思い浮かびません（注：この後「A：比例の特徴」「B：反比例の特徴」「C：実測値の処理」の資料が2通目として投稿されています）。

ゴールとしては「反比例の考え方を使って時間とその求め方を説明できる」といいかな、と。協調学習の経験もほとんどないクラスなので、まったく予想もつかないです。

齊藤先生（3通目）：

（正答例の想定を踏まえ）だとすれば、子どもたちの学習のプロセスとしては「1．レンジのWが大きくなるほど、温める時間は短くなることに経験やお弁当のシールから気づいて、2．『反比例』の考え方が使えることを認識、3．反比例の基本形を思いだして、4．対応表をつくったりしながら定数を求めて立式する」という4つのステップを行きつ戻りつする感じになるかなと想像します。

課題とゴールだけ定めて、生徒実態が予想できないと言う竹本先生に対して、齊藤先生は「課題を実際に解いてみるとどうなるか」という「シミュレーション」をやってみせ、エキスパートに必要そうな部品知識を共に探っています。

課題解決に必要なのは「反比例」関係のみですが、竹本先生は生徒に「考えさせる」ために正比例関係も含めていて、齊藤先生はこの時点ではその案に特に異論を唱えていません。

続くやり取りが以下です。

竹本先生（4通目）：

早い返信とアドバイスありがとうございました。勇気が湧いてきました。

実施クラスは7月に協調学習「英語」をしたクラスです。生徒実態から考えると、「時間とワット数が関数関係であり、その2つが変数であることの理解（把握）ができない」「変数を文字で表せない」の2点が気がかりでもあります。

齊藤先生（5通目）：

メールを拝見して少しイメージが変わってきました。

前置詞の授業を受けたクラスなのですね。…だとすると、彼らに「自分で考えて、考えを出し合うと、納得できる」という経験をしてもらえるようにするには、ねらいを思い切って絞ってあげて、小さな違いやこだわりに向き合いやすいようなデザインにすることが大事かもしれません。

比例・反比例・実測値の３つをエキスパートにする案は、「比例と反比例の考え方を比べながら身近な問題での関数の使い方を検討する」ことをねらったものでしたが、「反比例の考え方を見直して、腑に落とす」にねらいを絞ってみるのも一案かもしれません。


当初、生徒実態が予想できないと語っていた竹本先生も、齊藤先生のシミュレーションに触れて、そもそも何を変数とみなすか、その間の関係に気づけるかという根本的な前提が気になりはじめました。

齊藤先生は、授業対象のクラスを実際に見学したことがあり、生徒たちをイメージしながら、竹本先生の懸念に呼応して資料を焦点化する方向性を示しています。すなわち、問題解決に直接役立たない正比例の資料を渡して「揺さぶる」よりも、既習であるはずの反比例の考え方を再度見直して納得してもらう方向性です。

最後のやり取りが以下です。

竹本先生（6通目）：

アドバイスありがとうございました。エキスパート資料を2種類つくってみました。いろいろなことが想定され、どんどん深みにはまっているように感じています。

齊藤先生（7通目）：

悩まれるところですが、結局、本時に期待するのは、「2つの関連ある数があったとき、〝1つの数が2倍、3倍になると、もう1つが½、⅓になる〟ということ。それなら、$y=a/x$の式を使って、わからないほうの数を求められるんだよね」ということを子どもたちの言葉で説明できるようになってもらうことですよね。

そのためには「上が倍だと下が逆になるから…」「xが大きくなるほうがyは小さくなる」など、資料や式から読み取ったこと、経験や感覚など、多様な手がかりをもとに生徒たちが「反比例とは何か」を自分なりに言葉にするチャンスをたくさんつくってあげることがポイントかと思います。

竹本先生は、資料Aを比例について考えるものから反比例について考えるものへと変更し、「どんなときにyはxに反比例すると言えるか」を、資料Aは「表から」、Bは

「式から」解決するものとしました。

資料Cは、当初バネの伸びと重さの関係を関数で表す課題でしたが、より直接的にレンジを例にW（ワット）や時間を変数で表すものに変更しました。齊藤先生はこうした変更を受け止めながら、この授業で生徒に期待する認知過程や発話例を平易な言葉で記していることがわかります。

②授業での子どもの学び

さて、実際の授業はどうなったのでしょう？

授業の最初に答えまで書いていた生徒は19名中2名でした。そのうち一人は「4分（注：不正解）」と書いていて、エキスパート活動に席替えしたとたん、他の女子生徒から「1000ワットのほうがあったかいで。500ワットより長くしたら（弁当箱が）溶けるやろう？」と指摘され、「これ（W）って温度のことなん？」「知らんけど」と会話していました。

このレベルからスタートして、クロストークの前には、6班全員が答えと理由の説明にたどり着きました。この授業が興味深かったのはここからです。

先に発表した5班すべてが上段にワット数、下段に時間の「対応表」を書き、左から「500Wの3倍→1500W」「500Wの4倍→2000W」、時間は「（500Wの場合の）１２０秒の⅓倍↓（１５００Ｗは）40秒」「１２０秒の¼倍↓（２０００Ｗは）30秒」と反比例関係をもとに「１分」という答えを導きました（資料6）。

その後、立ち上がった最後の班が、同じく対応表で説明したのですが、なぜか、右から「２０００Ｗの¼倍↓５００Ｗ」「２０００Ｗの½倍↓１０００Ｗ」、時間は「（２０００Ｗの）30秒の４倍↓（５００Ｗは）１２０秒」「30秒の２倍↓（１０００Ｗは）？秒」と書いて答えを出しました。

この考えに触れた複数の生徒が、授業後に「逆からもできることにびっくりした」「逆からも反比例になる！」と驚きをもって書いていました。

関数なのだから、どちらからでも成り立つのは当たり前。読者のみなさんはそう思われるかもしれません。しかし、「決まったやり方で決まった形の問題を解くこと」に慣れてきた子どもたちにとっては、その慣れた世界の外でも自分たちの知っているやり方や規則が成り立つのは驚きだったのでしょう。

そうやって自分なりの「変形」を世界に加え、多様なバリエーションを生成・比較吟味して構築された理解は、次の疑問をもたらします。

この授業でも、クロストークの後に「比例定数って１２０？」（実際は６００００ジュール）と騒ぎ出す班がありました。そこではじめて対応表以外の違う解き方（式にしたらどうなるか）が気になりはじめるわけです。

③授業後協議

授業後の質疑応答では、授業を見学した他校の教員から次の二つの質問が出されました。どちらも、生徒たちの解決が対応表だけでなされたことを指摘するものでした。

先生Bの意見は、それを具体的に対応表の縦（資料6参照）に関係づけて「掛け合わせる」ことで気づかせようとするものです。

先生A：今日の6班はすべて式が出なかったが、やはり今日は式を出させるべきではなかったか？　それは出ないと予想していた？

資料6　クロストーク時の生徒の発表図（500Wを基準に反比例関係を考えている）

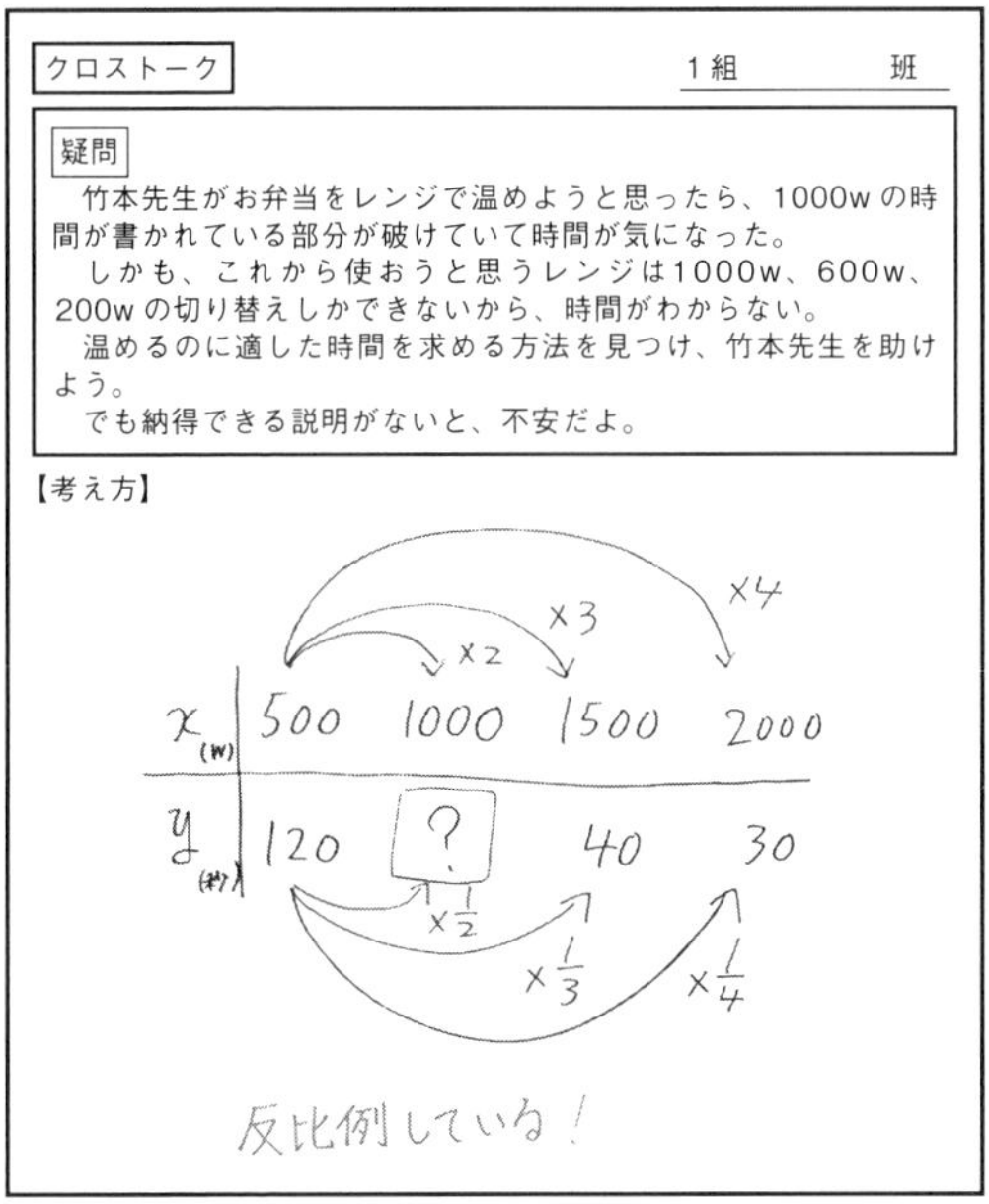

クロストーク
1組　　班
疑問
竹本先生がお弁当をレンジで温めようと思ったら、1000wの時間が書かれている部分が破けていて時間が気になった。
しかも、これから使おうと思うレンジは1000w、600w、200wの切り替えしかできないから、時間がわからない。
温めるのに適した時間を求める方法を見つけ、竹本先生を助けよう。
でも納得できる説明がないと、不安だよ。
【考え方】
×2
×3
×4
x (W)
500
1000
1500
2000
y (秒)
120
?
40
30
×1/2
×1/3
×1/4
反比例している！

先生Ｂ：
（生徒は）表を横に見ていたけど、縦に見るなどの支援を入れてはいけないの？

それでは、生徒は本当に「式」が使えないのでしょうか？　逆に、使えれば理解しているると言ってよいのでしょうか？

実は、この授業のエキスパート資料Ｂは、「家から学校まで２０００ｍの道のりを分速ｘｍで歩いた。学校に着くまでにかかる時間をｙ分間とすると、ｘとｙの関係を表す式をつくって調べる」問題でした。

生徒の解き方を観察していると、式についてはほぼすべての生徒が即座に「$y=\frac{2000}{x}$」と書けました。しかし、「その式からわかること」について問われると、手が止まりました。つまり、問題に合わせて「立式」は機械的にできるのですが、だからといって、それが反比例を表すことを理解しているわけではないのです。

この実態や当日の対話や記述から見てとれる生徒のわかり方からすると、「表を縦に見て式にする」ことの支援は、彼らの理解とギャップがありそうです。むしろそうした「形や式にすること」を毎回繰り返し急ぐせいで、彼らの理解から意味が落ちていく面すらあるでしょう。

協議最後に、齊藤先生は次のように助言しています。

齊藤先生：

（式が出なかった）今日の授業だって子どもは学んでいる。その学びを先へつなげたい。今日の先生のねらいは「反比例とは何か」を自分のことばでまとめなおしてもらうところにあった。たとえ先生がもうすでに説明していることであっても、生徒は自分たちで理解を掘り下げて、「2倍、3倍で2分の1倍、3分の1倍」と言えるようになった。子どもたちは先生のねらいに向かって学んでいたわけです。その先に「比例定数って120？」と騒いでいたグループがあったように、「今日つくったこの表」から、次にわかっていないことを見つけられる、「式もつくれるかもしれない」と気づくことができる。今日の学びがあって、「その先」に行く。子どもの学びはそういうものだと自覚して、それを支えたい。

④まとめ

生徒の学びをめぐる対話から私たちは何を学べるでしょうか？

第一に、「反比例の意味理解」という大人から見れば単純に思える内容が、子どもの

1時間の学びという単位で考えると、十分学びがいのある対象であることが見えてきます。

「対応表をつくって横の関係から答えを出す」「反比例の関係を『X倍すれば1/X倍』とことばにする」「対応表の右からでも左からでも反比例関係が成り立つことに気づく」などは、どれも数学的なゴールから見れば、不完全で中間的な抽象度の理解を示すものでしかありません。

しかし、その不完全さが次の学びを駆動します。そのとき、生徒の身の丈にあった確かな理解―レベル2の生徒なりの納得モデル―が次の理解の足場となります。授業の限られた時間のなかで、子どもがレベル2の理解を目指せるようにデザインできるかが、授業づくりの醍醐味の一つでしょう。

第二に、その授業デザインと学びの見とりを、竹本先生と齊藤先生の間の建設的相互作用が可能にしていたと言えます。

竹本先生が、第一案の教材のまま授業をしていたら、生徒は問題解決も理解もままならなかったかもしれません。竹本先生の「課題遂行者」として「授業でやりたいこと」が、生徒の立場から見たときにどう具現化できるかを、齊藤先生が「モニター」になってシミュレーションしたことで、生徒の「手につく」解決可能な教材が生まれたわけです。

二人の間の相互作用は、「教科や授業のねらい」という竹本先生の視点と、「生徒の認知過程」という齊藤先生の視点の間の建設的な相互作用だったと言えます。

こうした大人の間の建設的な相互作用が子どもたちなりの発見を生み出す授業につながり、それが次の授業における学びの足場となっていきます。それによって、子どもたちが日々学び続ける「前向きな学び」が実現されます。

(2) 常識を超える

ここまでは、子どもの認知過程に対する考察を研究者が主に行っている事例でした。これに対して、先生が子どもの学びに対する洞察から、自らのデザイン原則を変えていった事例があります。

一つは、堀公彦先生（大分県竹田市立竹田中学校・当時）が、２０１４年と２０１６年の2回にわたって行った、中学校2年生を対象とした理科の同じ授業[12]（「運動の仕組み」）の事例、もう一つは、その堀先生が、２０１７年に丸谷健太先生（和歌山県湯浅町立湯浅中

〈注⑫〉それぞれ2014年7月4日と2016年10月18日に実施。

学校）の授業案「地震」へのコメントを行い、最終的には自分でも授業案をアレンジ・実践した事例です。

この二つの事例を併記するのは、堀先生が、自ら授業をデザイン・実践した「課題遂行者」から、他の先生の授業を「モニター」し、そのうえで再度授業をアレンジ・実践した「課題遂行者」へと役割を交代した様子がわかるからです。

まずは、理科の授業（「運動の仕組み」）の授業デザインです。両年度とも課題を除いてほぼ共通でした。

生徒が読んだ資料は、次のとおりです。

資料A「神経系」：神経系は末梢神経と中枢神経からできており、末梢神経で感覚器官から刺激を中枢神経に伝え（感覚神経）、中枢から出された命令を筋肉に伝える（運動神経）。中枢神経の脳は、感覚器官からの信号を選別・分析・判断し、最適な命令を決定する働きを担う。

資料B「骨格」：骨格にはからだを支え、動かし、その内部を守る三つの役割がある。骨はからだを動かすために、関節でつながっている。

資料C「筋肉」：筋肉はけんで骨にくっつき、力を入れると縮み、力を抜くとゆるむことで、関節が曲がったり伸びたりして骨が動くことになる。

これらの資料をもとに考える課題は、1年目は「ボールを打つ動きのストーリーを語ろう。〜運動のしくみをわかりやすく説明してみよう〜」というものでした。授業のねらいには、単なる内容理解（運動のしくみの理解や具体例を用いた説明）を超えて、「部活動や普段の生活のなかで無意識に行っているからだの運動を、よりよいものに改善することに役立てる」ということが含まれていました。

それに対応して、授業デザインとしても、ジグソー活動時に各生徒の運動部でグループをつくることで、たとえば野球部の生徒なら打撃時のストーリーを語ることを求めたのです。

これは、「子どもの探究を支えるには、日常生活に即した、興味・関心をもてる問いの設定が大事だ」という多くの先生が抱くデザイン原則を反映したものだと言えるでしょう。

その一方で、子どもが学ぶプロセスを丁寧に観察してみると、そうした問いが必ずしも探究を支えるわけではなく、子どもたちが課題を自分たちなりに咀嚼できているか、それが授業者の意図とマッチしているかが、探究に影響するというケースも多々あります。

さて、この授業ではどうだったでしょう？

①事前のML上での検討

２０１４年６月下旬、堀先生は１年目の授業案をＭＬに投稿しています。この投稿に対して、CoREF の飯窪真也特任助教（以下、飯窪先生）、平敷りか先生（琉球大学教育学部附属中学校・当時）を含め、計10回の投稿があり、その過程で教材が２回改訂されました。投稿の趣旨は次のとおりです。

堀先生（１通目）：

授業案がやっとできました。授業のなかで生徒の運動の様子をビデオで見せようと考えていますが、写真のほうが考えやすいのかと迷っています。

飯窪先生（２通目）：

（課題に）具体的に答えてみるとすると、次のようなことを書くイメージでしょうか。
「ボールが外角低めに来たとすると、目から受け取った視覚情報としての刺激が、脳で『外角低めにきたボールを打て』という命令になって、その命令を受けて(1)腕の筋肉が緩んで腕の関節は伸びていく、(2)腰の筋肉がねじれて、腰の間接は回転する、(3)ひざの筋肉が収縮して、ひざの関節が曲がる、といった関節や筋肉の動きが同時に起こり、インパクトの瞬間にボールを捉えた手の皮膚からの刺激を受けて脳が『振りぬく』ことを命令して、その命令を受けて～」

…個人的にはかつてなく答えの例をつくるのがむずかしく感じるのですが、どのぐらいの解答を想定されていらっしゃいますか？

平敷先生（3通目）：

部活は、勉強よりも生徒の興味・関心が高く、運動のしくみの学習内容は地味な単元ですが、生徒が一生懸命考えそうです。写真かビデオかについては、ビデオがよいと思うのですが、何度もグループ単位で動画を繰り返し見ることのできるようにする必要があるように思えます。すると、自分でその動きを再現しながら、「あ、ラケット振るとき、今ココの筋肉がキュッてなった」とか、気づきが生まれそうです。

飯窪先生が授業のねらいやメイン課題、エキスパートの内容等が書かれた授業案をもとにシミュレーションし、ゴールイメージの確認と懸念の表明を行ったのに対し、理科教員である平敷先生は、堀先生のねらいに共感し、ビデオを使えばそのねらいが実現可能ではないかと補足しています。

その後、堀先生からの返事が次のようにあり、答えの例をつくるのがむずかしいのは「ショック」だけれども、生徒にはその後の部活や体育につながるということで「正解を厳密に求める」のではなく、「自分なり」の答えを求めたいとしています。

この投稿以降、さらに具体的な教材に対する意見のやり取りがあり、授業実施に至りました。

堀先生（4通目）：

かつてなく答えの例をつくるのがむずかしく感じる…というのは、ショックでした。正解を厳密に求めるのではなく、生徒一人ひとりが信号の伝達経路を意識して、筋肉を動かして運動していることに目を向け、自分なりに表現できればいいのではないかと考えています。

②授業とその後の振り返り

授業は、2014年7月に実施されましたが、どのグループも満足のいく解答には至らず、授業最初の解答からの伸びを認めにくい内容となりました。

授業後の協議会で堀先生は、「課題がピンときてなかったので、子どもに自分の身体のなかで起こっていることを意識するんだという認識をもたせたかった」と振り返っています。

これに対して、授業・協議に同席した飯窪先生は、「(子どもの議論が)足は、手は、肩はどうしようといった筋肉の話に一生懸命いってしまう。掘り下げてしまえばそうなってしまう内容なので、ある意味仕方がなさそう。課題がやはりとても複雑だった」とコメントしました。これは、実際の授業の場で、事前の懸念がある程度出てしまったことを指摘するものでした。

この授業直後のやり取りでは、指摘を受けた視点が、即座に堀先生に取り入れられることはなかったのですが、1か月の間を置いて作成された振り返りシートには、課題に対する自分の曖昧さを指摘する記述がありました。

振り返りシートを活用し、生徒の解答を振り返って解釈することで、「厳密な正解を求めない」という授業前までの考えを改めている様子がうかがわれます。まさに振り返りシートの効果が見てとれます。

堀先生の授業振り返り：

●私自身、問いに対する答えを明確にもてず、あいまいなまま答えを求めていた。そのため、生徒が課題を曖昧にとらえてしまい、ゴールも明確にできなかった。

●いきなり部活動の動きは複雑すぎた。もっと絞った問い（例「ランプが光ったら、右手を上げる。この運動を刺激から反応まで、説明してみよう」）にすべきだった。

③2年目の授業実践

堀先生のこの振り返りは、2年後の2016年度の再実践に生かされました。課題を（教科書にも記載されている）「落ちてくる定規を指先でキャッチ～自分のからだの中で起きていることを細かく、わかりやすく説明してみよう～」という例に変更し、部活等にかかわらず、この共通の課題についてクラスで議論するデザインとしました。「落ちるモノをつかむ」という単純な動きとなったおかげで、子どもが自分なりに咀嚼できるようになり、かつ授業者の意図ともマッチした課題となったことで、運動のしくみの概括的な理解を生徒に促すことが可能になったのです。

この授業に関しては、実践前の想定（授業デザインの仮説生成）から振り返り（仮説検証）までを堀先生が研究者のかかわりなく一貫して行いました。

④他の先生の授業へのコメントとアレンジ実践

1年後、堀先生が参加している理科のML上で、丸谷先生から「地震」の授業案が投稿されました。堀先生は自分の実践でつかんだデザイン原則（「もっと絞った問い」）を活用して、次のようにコメントしました。

丸谷先生（1通目）：

「どのような揺れを感じると津波が発生するのか」で授業をしてみたい。ゴールは「遠方で地震が発生するため初期微動が長く、震源域が広いことから主要動が非常に長い地震が来たとき津波が来る危険がある」こと。

齊藤先生（2通目）：

何を考えたらよいのかが若干曖昧かも。課題・エキスパート部品・期待する解答の要素の対応をもう少し明確に絞って、探究の焦点をはっきりさせたい。

堀先生（3通目）：

い、、、、もっと課題を絞って、「南海地震が発生したとき、湯浅町ではどのような揺れになるでしょう？」であれば、語ってほしい解答の要素も満たせそう。

齊藤先生の構造的な指摘に続いて、堀先生が「課題を絞る」具体的提案を行っています。これを受けて丸谷先生は、課題を変更して実践を行いました。

一方で、その後丸谷先生の実践をアレンジして行った堀先生自身の実践では、「ねらいや問いを吟味していないため、ぼやっとした授業になった」そうです。つまり、「ゴールの設定があいまいで、中途半端な授業になった」反省を繰り返す結果となった面がありました。

⑤まとめ

「運動のしくみ」を巡る理科の授業づくりでは、〝研究者から何か言われたからといって、それをそのまま取り込むわけではない〟という堀先生の「たくましさ」が垣間見えます。その一方で、長い時間をかけて、授業における子どもの学びの事実に触れ、それを他者のことばと照らし合わせる振り返りの機会を経ることで、徐々に自分自身の視点が変わっていく側面もうかがえます。

「探究のために最初の課題を絞り込む」という一見常識と反するデザイン原則を自分のものにしていくことは、先生の授業づくりのレパートリーを広げることにつながるでしょう。

他方、地震を巡る授業づくりでは、堀先生はモニターとして、「ことばで語る」ようには、課題遂行者として「実践できない」という複雑な学びの事実が垣間見えました。建設的相互作用では、モニターがその場の状況をやや客観的に眺めることができる利点があり、その特徴が働いたと考えられます。

(3) 先生たちの長く続く学び

本章の冒頭で、「先生たちが一人ひとりご自身の認知科学をつくっていくことが目標だ」と述べました。本節の二例からは、授業づくりを巡って子どもの認知過程についての考察（認知科学）を、先生自身が主体的に深める可能性が示唆されているように感じます。

それは「研究者が理論に基づいて授業を開発して先生が実践する」という関係ではありません。先生が現場のニーズに合わせて授業案を提案し、それを巡って研究者や他の先生がモニターとしてコメントし、授業者が主体的に取捨選択するという関係です。

周囲のコメントが直ちに取り入れられるわけではないという点で非効率的に見えるかもしれませんが、それが実は授業で「どのような学びが起きるか」を見る「**仮説の明確**

化」につながるのです。だから、その授業観察から各自の学びが起き、次の授業づくりにつながっていきます。

実際、CoREFの研究者も、10年間に及ぶMLでのやりとりを通して、コメントの返し方が変容してきたと言います。初期は「授業や教材をどう変えるか」という視点でコメントしていたのが、徐々に「自分で解いてみるとどうなったか」や「授業で子どもに何が起きそうか」という視点から指摘するようになったというのです。このことは、授業者が教材を変更せずに授業を行った際も、仮説の明確化に貢献するでしょう。

ここで、MLも含めた相互作用について、実際にどんな変化が起きたかを振り返ってみましょう。まとめると、**資料7**のようになります。

この図式から、次のことが読み取れます。

●課題遂行者として授業を提案するときには、やや非現実的で高度なゴールと自由度の高い課題、広い知識空間の教材で「望む学びが起きるはずだ」という想定をしがちであること。

●それに対してモニターは、その想定を共有できないからこそ、子どもの視点に近い、授業案や教材を客観的に眺めたコメントをしがちなこと。

資料7　授業づくりを巡る先生・研究者らのインタラクション

授業	ケース1：反比例	ケース2：運動の仕組み	ケース2：地震	ケース2：地震授業アレンジ
課題遂行者	教師（竹本） ・ゴールはあるが実態は不明 ・反比例の問題に比例の資料	教師（堀） ・日常的な部活を課題に ・運動の仕組みを自分の体で	教師（丸谷） ・ゴールに対して、ねらいをそのまま課題にした一般的な問い	教師（堀） ・資料をもとにねらいや問いを頭のなかだけでなく文字で吟味すべき
モニター	研究者（齋藤） ・シミュレーションする ・資料も思い切って絞って	研究者（飯窪） ・シミュレーションがむずかしい ・課題の焦点化を	教師（堀） ・生徒の生活する町を題材に ・もっと課題を絞って	―

相互の分担された役割間の相互作用を繰り返すことで、より児童・生徒の実態にあった授業がデザインできるようになります。

さらに、**資料7**の矢印で示したような「役割交代」を通して、「自分の授業」で得た知見を他の授業に適用することで（その知見をデザイン原則として使ってみることで）得られた気づきから、さらに「理論化」していく―**子どもの学びの事実に即した自らの「語り」をつくっていく**―ことにつながる可能性が示唆されます。

おもしろいことに、**資料7**のまとめに対して、堀先生は違う見方をしていました。すなわち、研究者としては「堀先生は課題を絞るべきというデザイン原則を見つけた」と考えたのに対し、堀先生自身は「教員（自分）が答えを考えて授業しないといけない」というデザイン原則と、「子どもの興味・関心を引く問いと、子どもが『答えを出したい』『追求したい』と思う問いは違う」というデザイン原則とを見つけた、という意識だったのです。

それゆえ、丸谷先生の授業案は、「先生が答えは考えているものの、課題が不明確」という例であり、それに対して、自分のアレンジ案は「答え自体が不明確」だった（一つ目のデザイン原則に反していた）ということだそうです。

このように「まとめ方」自体も、現場の先生と研究者、先生同士など多くの関係者の間で議論していくことができれば、いっそう質の高い建設的相互作用を引き起こしていけそうです。

堀先生は、「子どもがどう学ぶかをのぞいてみたいなというのがあったし、子どものことを考えて授業をつくっていってやるといいよ、というのを広めたいと思った」とお話しし、現在も協調学習の実践研究を進めています。

本章のタイトルは「対話から学ぶ教師のコミュニティ」でした。「それにしては、子どもの対話自体は扱われなかった？」と思われた方もいるかもしれません。

実は、本章は、教室のなかで「子ども一人ひとりが考えながら話しているときの声を丁寧に聞く」という営みを重視した、先生方の学びにフォーカスすることを意図していたのです。

そこで次章では、先生同士の対話的な学びをどう支えるか、第7章ではテクノロジーも介した「子どもの対話を聞く試み」について紹介していきます。

第6章
学びのネットワークをつくる

1　授業の「型」を軸にする

第5章では、子どもたちが学ぶためには先生も学ぶ必要があるという話をしました。本章では、先生が学ぶためには、全国の教育長や教育委員会、教育センターの指導主事などの教育行政関係者、そして研究者自身も学んでいく必要があるという話に入っていきます。

人が学ぶためには、共通の課題と対話の機会が必要です。「知識構成型ジグソー法」という授業の「型」を軸にすると、「先生方の授業づくりをどう支えるか」という課題が共通課題になります。その解決に向け、どういう対話の場が生まれ、そこで先生方のどのような学びが生まれたかを見ていきましょう。

対話の場は自治体の中だけのネットワーク[1]にとどまらず、それらのネットワークが互いに結びつき重なり合っています。それをCoREF設立にもかかわった小宮山宏氏（東京大学第28代総長）の用語を使って「ネットワークオブネットワークス（NNs）」と呼ぶことにします。このNNsの発展経緯が、第5章で紹介した「実践の科学」を肉づけしていくことにもなるでしょう。

(1)「型」のもつ意味：学習科学の歴史から

「知識構成型ジグソー法」には明確な学習活動のステップがあるため、〝指導法を型にはめるのではないか〟との批判を受けることがあります。2020年からはじまった学習指導要領の答申にも、次のような一節があります。

学習指導要領等の改訂に関する議論において…指導方法を焦点の一つとすることについては、注意すべき点も指摘されてきた。つまり、育成を目指す資質・能力を総合的に育むという意義を踏まえた積極的な取組の重要性が指摘される一方で、指導法を一定の型にはめ、教育の質の改善のための取組が、狭い意味での授業の方法や技術の改善に終始するのではないかといった懸念などである。[②]

これを見ると、あたかも型を取り入れること自体が批判されているように見えます。

〈注①〉前章では共通の課題解決に集まった人々を「コミュニティ」と呼びましたが、本章ではそれがネットワーク状をなしていることを強調するために「ネットワーク」と呼ぶことにします。
〈注②〉中央教育審議会答申「幼稚園、小学校、中学校、高等学校及び特別支援学校の学習指導要領等の改善及び必要な方策等について」（平成28年12月21日）、26頁しかし、同じ答申には次の一節もあります。

（「アクティブ・ラーニング」の視点からの授業改善は）形式的に対話型を取り入れた授業や特定の指導の型を目指した技術の改善にとどまるものではなく、子供たちの…多様で質の高い深い学びを引き出すことを意図するものであり、さらに、それを通してどのような資質・能力を育むかという観点から、学習の在り方そのものの問い直しを目指すものである。[3]

問題は、型を取り入れること自体ではなく、それによって指導技術の改善にとどまることだとされています。**問われているのは、それを通して、子どもたちの多様で質の高い深い学びを引き出せるか、その繰り返しが資質・能力の発揮・育成につながるか、それを通して学びを問い直していけるか**です。

こうした「子どもはいかに学ぶか」という学習観・理論の問い直しを目指して、日々の授業づくりや授業改善をどう進めていくかを考える際に、学習科学における実践研究の歴史が参考になります。

①パッケージ化アプローチ

学習科学は、その発展初期の１９８０〜１９９０年代には「どのような教員でも使うことができる完全なカリキュラム」開発を目指していました。子どもの能動的で有能な姿を見せられる学習課題や学習活動のパッケージをつくり、それを先生に手渡し実践してもらって、子どもの見方を変えてもらうアプローチです。飯窪（２０１６年）[④]はこれを「パッケージ化アプローチ」と呼んでいます。

典型例は、算数・数学の問題をドラマ仕立てのビデオに埋め込み、それを協調的に解くことで教科内容の学習が可能になる「ジャスパー（Jasper）プロジェクト」[⑤]です。ビデオ教材やワークシート、使い方ガイドのパッケージに助けられて、多くの先生が自身の教科知識のレベルにかかわらず、授業を実施することができました。さらに、そこで学んだ小・中学生が速度や比などの知識・技能の習得、文章題の解決など、「ここまでできれば望ましい」というゴールを達成しただけでなく、複雑な問題の高次なプランニングに関する能力、算数が役に立つことの認識や複雑な問題解決への自信・意欲など も高まり、自ら問題を探して解く「未来の学び」につながる学習成果も生みました。

〈注③〉同右48、49頁
〈注④〉飯窪真也（２０１６年）「教師の前向きな学びを支えるデザイン研究―「知識構成型ジグソー法」を媒介にした東京大学 CoREF の研究連携―」『認知科学』23⑶、２７０～２８４頁
〈注⑤〉Cognition & Technology Group at Vanderbilt. (1997). The jasper project: Lessons in curriculum, instruction, assessment, and professional development. Mahwah, N.J.: Laurence Erlbaum Associates.

ジャスパープロジェクトに象徴されるパッケージ化アプローチは、「子どもの学ぶ力」を最大限引き出すことで、先生の目に見える形で「子どもが主体になる学び」を成立させ、カリキュラムの背後にある学習者観や学習観を共有することをねらっていました。その目的のために「この問題を解いて、こうやって学習を進める」という教材や学習活動の型などの「制約」を明確に設け、短期的なその場の授業の成功を保障したといえます。

その一方で、強い制約は、先生自らが授業を振り返る習慣や、デザインを修正する自由を損ない、目前の子どもの変化を先生自身の学習理論づくりにつなげにくい面がありました。先生自身が授業をつくっていないだけに、評価が「このパッケージは使えるかどうか」という点に集中し、授業が先生のねらいにしたがってどう機能したのかの判断になりづらかったわけです[6]。

②ビジョン提示アプローチ

これに対して、学習科学のなかには、具体的な教材や授業の型よりも、授業を支える学びの理論やビジョンを手渡そうとするアプローチも脈々と存在してきました。飯窪（２０１６年）にならって、これを「ビジョン提示アプローチ」と呼ぶことにします。

その典型の「知識構築（Knowledge Building）プロジェクト」では、研究代表者であるベライター（Carl Bereiter）とスカルダマリア（Marlene Scardamalia）が、学習者自身による知識構築の可能性を徹底的に追究する教育哲学をつくり上げ、それを授業のデザイン原則に落とし込み、後は各学校現場や教室に合わせた実践を展開できるよう支援しています。

どの教科でも使える電子的な学習掲示板「ナレッジ・フォーラム（Knowledge Forum）」を用意し、「考えながら書くこと」で知識構築につなげるという学習環境を提供しているものの、その具体的な使い方や授業デザインについては制約を設けていません。教員一人ひとりの裁量の余地が大きいのです。

だからこそ、ビジョン提示アプローチは、理想的に機能すればビジョンと学習理論にもとづいた教員自身の創意工夫を促し、多様な文脈に沿った創造的で自由な実践が可能になります。知識構築プロジェクトを幼小一貫で実践するカナダのオンタリオ州の

〈注⑥〉「ワイズ（WISE）プロジェクト」（https://wise.berkeley.edu/）が1990年代から展開したのが、教員のカリキュラム開発支援でした。プロジェクトは科学学習活動の枠組みやステップを提示し、教材をアップできるウェブサイトを開設することで、教員と研究者が協働で教材を開発できるようにしました。ジャスパープロジェクトと比べ、ビデオではなくウェブ教材だったため、教員も作製・アレンジしやすかったのです。研究者と教員がパートナーになることで、「教員自身の学ぶ力」を引き出そうとしたという特徴があったと言えます。ただし、研究代表者の Marcia Linn や共同研究者の James Slotta に聞くと、主たる関心は「よい」教材の開発・共有にあり、教員自身の「よしあし」の判断力育成にはないようです。その点で、パッケージ化アプローチに近いものだと言えるでしょう。

チャーター・スクールでも、数多くの成功例が報告されています[7]。

その一方で、制約が弱いからこそ、教室や学校、社会の「反知識構築的な文化」の影響で、期待どおりの成果を挙げなかった例も見られます。

具体的な「形」に頼らないだけに、現場教員と研究者の間で期待する子どもの姿や学びのイメージの共有ができないと、研究者の想定した実践になりにくいといえます。さらに実践がうまくいかないときには、本来は学校文化や学級文化を見直すべきなのに、研究者が提示した何らかの「形（たとえば、机の並べ方や学習者のグルーピング）」に対する批判へと転化することすらあります[8]。

また、飯窪（2016年）が指摘するように、多様な文脈に沿った自由な実践は、どこがどう効いてねらった学びが起きたか／起きなかったのかを検証しづらい面があります。その点で、このアプローチでは、教員自身が自分の実践に対して省察を働かせたり、教員同士がお互いの実践から学び合ったりすることがむずかしいとも考えられます。

③中間をねらうアプローチ

二つのアプローチからは、学習科学が何とか「子どもはいかに学ぶか」を教育現場と共有してこようとした努力がうかがえます。そこから参考にできることをまとめてみると、現場教員の長期にわたる力量向上につながるようなアプローチが望ましいこと、特に教員自身で授業の成否を検討できる過程を、研究者がいかに協働的に支援できるかが課題であることが見えてきます。

その際、パッケージ化アプローチのような強すぎる制約を課すのでも、ビジョン提示アプローチのような大きすぎる自由を託すのでもない、両者の中間となるアプローチがあるのではないかと私たちは考えています。

パッケージ化アプローチは、ジャスパープロジェクトのように単元まるごとをパッケージ化するので、子どもの学びの質を長期にわたって保証するためには、「ベストパッケージ」を全単元にわたって開発せざるを得ません。そうなると、そこにかかわれない教員、特に新規参加者の力量向上の機会がますます奪われます。

一方で、ビジョン提示アプローチを突き詰めると、まるで禅問答のような抽象度の高い提示になってしまい、かえってビジョンの共有がむずかしくなる恐れがあります。だ

〈注⑦〉 http://www.ikit.org/index.html

〈注⑧〉 鈴木・横山（2016年：第2章で紹介）は、経験が状況のさまざまな情報を複合体として含むものであるのにもかかわらず、その状況から「標準的なコトバ」で不完全にしか情報を抽出していないものを「形」と呼び、その状況を構成する原因の体系、「背後の原理」を抽出した「型」と対比しています。後者をまねした場合は、見かけの異なる場面でも本質を捉えた原因系からの再現が可能になりますが、前者は状況にかかわらず結果だけをまねした再現が繰り返されることになる、としています。

からこそ、ある程度、**望ましい授業デザインや学習活動のイメージを、授業の「型」などで具体的に共有しつつ、その一方で、各教員に授業づくりの裁量の余地を残し、かつ、実践結果から教員が協働で学びやすくなるようなアプローチを試す価値がある**と考えるのです。

これは、教育実践において、すべてを画一的な規則で縛るか、自由放任にするかという二者択一に陥らずに、「最小限の効果的な規則で、自由な創造を促すことはできるか」という問いに答えを出していくことにもつながります。

(2)「型」を軸にした学習科学の社会実装

それでは、右記のアプローチを可能にする要素はどんなものでしょうか？

「知識構成型ジグソー法」を例に考えると、パッケージ化アプローチであれば、問いと教材もすべて研究者がつくって提供するわけですが、それを先生方につくってもらうとなると、授業づくりや評価の仕方に関する研修や事業が別途必要になります。さらに、ビジョン提示アプローチのように、そこで起きた児童・生徒の学びを学習観・学習理論の問い直しと結びつけていく仕組みも必要になります。そうなると、授業の型や授業づくりのためのツールのほかに、学習観の転換を支える仕組みがいることになります。加

資料１　学習科学の社会実装システム⑨

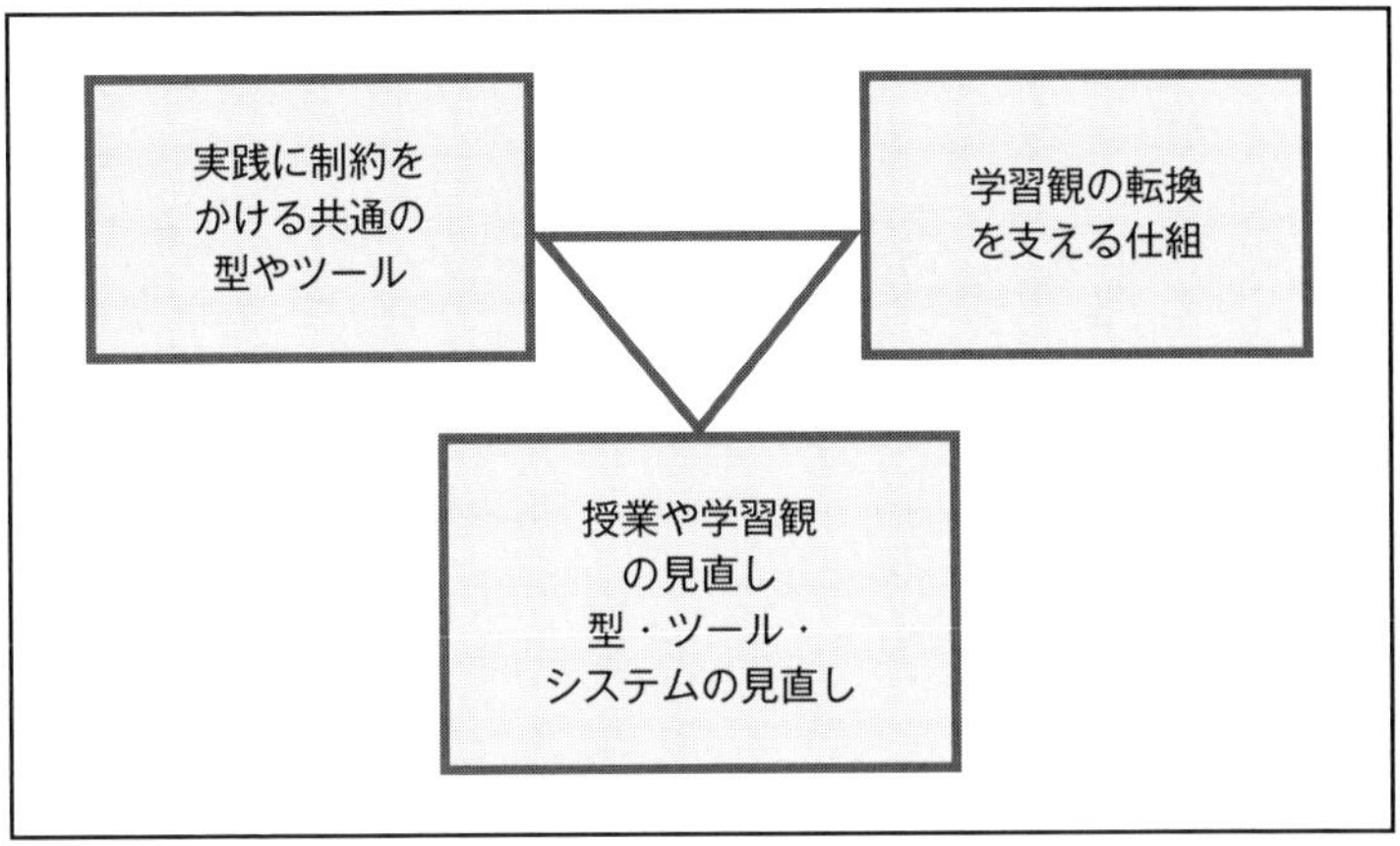

えて、具体的な型やツールの提供と、そこからの抽象的な学習理論の学びのバランスを不断に見直し、先生が学ぶための仕組み自体も改善していく必要があります。

　これらの要素を、飯窪（２０１６年）は**資料１**のようにまとめています。左上の「型」に「知識構成型ジグソー法」、「ツール」に、第５章で紹介した「授業デザイン案」や「振り返りシート」が該当します。こうした共通の型やツールを使って、先生がメーリングリストや研修、連携事業において授業について語り合い学習観を変えていく仕組みが右上です。この両者を型やツール、システム全体の見直しが支えます。

〈注⑨〉飯窪真也（２０１６年）「教師の前向きな学びを支えるデザイン研究―『知識構成型ジグソー法』を媒介にした東京大学CoREFの研究連携―」『認知科学』23(3)、２８１頁このように、３つの構成要素が互いに支え合うことで、「知識構成型ジグソー法」の型を媒介にした現場教員・研究者・教育行政関係者の連携による継続的な授業改善のサイクルづくりと、それを通じた個々人の学習観・理論の見直し・深化が生じると考えるのです。

2　埼玉県との「未来を拓く『学び』プロジェクト」

それでは、実際にどのようなプロジェクトが誕生・発展してきたのかについて、10年間にわたるCoREFと埼玉県との連携事業を例に見てみましょう。

(1)　CoREFと埼玉県の出発点

CoREFは、もともと「大学の英知を学校教育の改善に活かす」ために、京都市・早稲田大学・東京大学・お茶の水女子大学・名古屋大学・京都大学及び6芸術系大学の「大学発教育支援コンソーシアム」（英文名称 Consortium for Renovating Education of the Future 略称 CoREF〈コレフ〉）として2008年7月に設立されました。[10] その推進のための事務局機能が東京大学に置かれたため、これを「東京大学 CoREF」（本書では「CoREF」

をこちらの意味で使っています）と呼んでいます。CoREFは、上記コンソーシアムのハブとなる一方で、自らも全国の教育委員会や学校と連携して、協調学習を引き起こす授業改善の事業を行ってきました。

CoREFの出発点の課題意識は、認知科学・学習科学研究を基盤として、授業実践の変革を支えられるか、変革の主体を教員自身にするような研修・事業を展開できるか、研究者・教員間のNNsを構築できるかにありました。

一方、埼玉県は2010年に中核事業をスタートさせる前（2007年頃）から、小出和重指導主事（埼玉県教育委員会高校教育指導課・当時）が、インターネット上で中京大学における三宅なほみ先生の協調学習実践に着目するなどの情報収集をしていました。その三宅先生が、2008年に東京大学に異動し、総長直轄機構としてできた「大学発教育支援コンソーシアム推進機構（東京大学CoREF）」の副機構長に着任したことで、当時の藤井春彦所長（埼玉県立総合教育センター）と関根郁夫課長（高校教育指導課）が挨拶に訪れ、連携に向けて動き出しました。

そのころ、埼玉県としては、教職員定数の改善が個に応じた教育の充実にしかつなが

〈注⑩〉https://coref.u-tokyo.ac.jp/archives/2402

らず、多様な生徒の相互作用による学習への視点が薄かったこと、年次研修の見直しや教員ネットワークの形成といった現職教育上の課題、「PISAショック」と呼ばれた学力低下問題への対処、スーパーサイエンスハイスクールやスーパー・イングリッシュ・ランゲージ・ハイスクールなどの国の教育課程研究の推進から浮かび上がった生徒の思考力・表現力・コミュニケーション能力の不十分さなどの問題意識を抱えていました。

第2章で「内外相互作用」の考え方を紹介しましたが、個人ではなく、組織においても、自身の問題・課題意識と外的なリソースが相互作用することが重要であり、だからこそ問題の自覚が有効であることがうかがえます。

また、三宅先生が連携開始に際して「フィフティ・フィフティで行きましょう」と言ったように、指導・助言の関係ではなく、対等なパートナーとして相互作用を開始できたことも大きかったのでしょう。

2009年度には、指導主事など教育行政関係者が、まず生徒として協調学習を体験・吟味したうえで、2010年から2年間の「県立高校学力向上基盤形成事業」をはじめ、2012～2014年の3年間に「未来を拓く『学び』推進事業」、2015～2019年の5年間に「未来を拓く『学び』プロジェクト」へと展開させていきました

資料２　埼玉県との連携事業の拡大状況

年度	2010	2011	2012	2013	2014	2015	2016	2017	2018	2019
中核事業 参加学校	10	33	52	76	89	95	102	118	136	143
中核事業 参加教員	26	67	129	212	277	394	443	541	678	679
初任者研修 経験教員	0	0	247	296	289	292	314	283	292	256
マイスター教員	0	0	0	0	15	14	6	11	8	5
公開授業 （うち重点授業）	23	51	63	89	104	170	256	322	363 （34）	390 （25）
開発教材 （教材蓄積数）	21 （21）	55 （76）	80 （156）	130 （286）	201 （487）	283 （770）	269 （1039）	338 （1377）	252 （1629）	177 （1806）

（以降、この三つを「中核事業」と呼びます）。

県の教育行政においては、このように類似した名前の事業を続けられることは稀でした。加えて、２０１２年からは高校教員初年次研修に協調学習の授業づくりを取り入れるなど、各種研修との連携も図りました。

この滅多にない貴重な10年間の取組のなかで、プロジェクトがどのような課題に直面し、どう発展してきたかを見ていきましょう。

(2) スケールアップ

資料２に中核事業に参加した学校数（２０１０〜２０１４年は「研究推進校」、２０１５〜２０１９年は「研究開発校」。なお県立高校だけでなく、県立中高一貫校、市立高校も含みます）と教員数（「研究推進委員」「研究開発員」）、CoREFがかかわった初任者研修プログラムを受講した初任者数、後ほど紹介する「マイスター教員」数、公開された「知識構成型ジグソー法」授業件数（カッコ内は後ほど紹介する「重点授業」分）、CoREF報告書活動に収められた開発教材数を示しました。

初年度は、わずか10校の研究推進校の6教科（国語・地歴・数学・理科・外国語・美術）26名の研究推進委員ではじまった取組が、10年目の2019年には県立高校139校すべてを含めた取組に成長しました。学習科学において、こうした規模の拡大のことを「スケールアップ」と呼びますが、十分なスケールアップを果たしたといえるでしょう。

加えて、2010年は平均すると1校あたり2・6名だった教員数が、2019年は4・7名に増えています。これは各学校で協調学習を知る教員数が増えて、校内でのネットワークまで密になった可能性を示唆しています。

初任者研修も2012年にはじまり、中核事業の参加教員と合わせると、一気に前年度の5倍以上の人数の先生を対象にすることになりました。こうした連携の発展かつ支えとして、後ほど詳述する「本郷学習科学セミナー」を2014年から開始し、マイスターとして認定された教員が誕生しはじめます。

中核事業の参加教員が実施した公開授業や開発教材数も順調に伸び、教材は高等学校全17教科1800以上にのぼっています。この開発教材が既存メンバーだけでなく、新規参加者や初任者研修の先生のリソースにもなります。

(3) システムの成長

スケールアップは、単に数だけが増えていくものではありませんでした。その時点ごとの課題や手ごたえに合わせて、多様な事業や研修がはじまり、結びつき、効果を高め合う展開を見せました。**資料3**がその変遷です。

左上の2010、2011年には中核事業一つしかなく、そこでは、1学期に研究推進委員の先生が三度ほど対面で「知識構成型ジグ

資料3　研修・事業の結びつき方の変遷（飯窪、2016より一部編集）

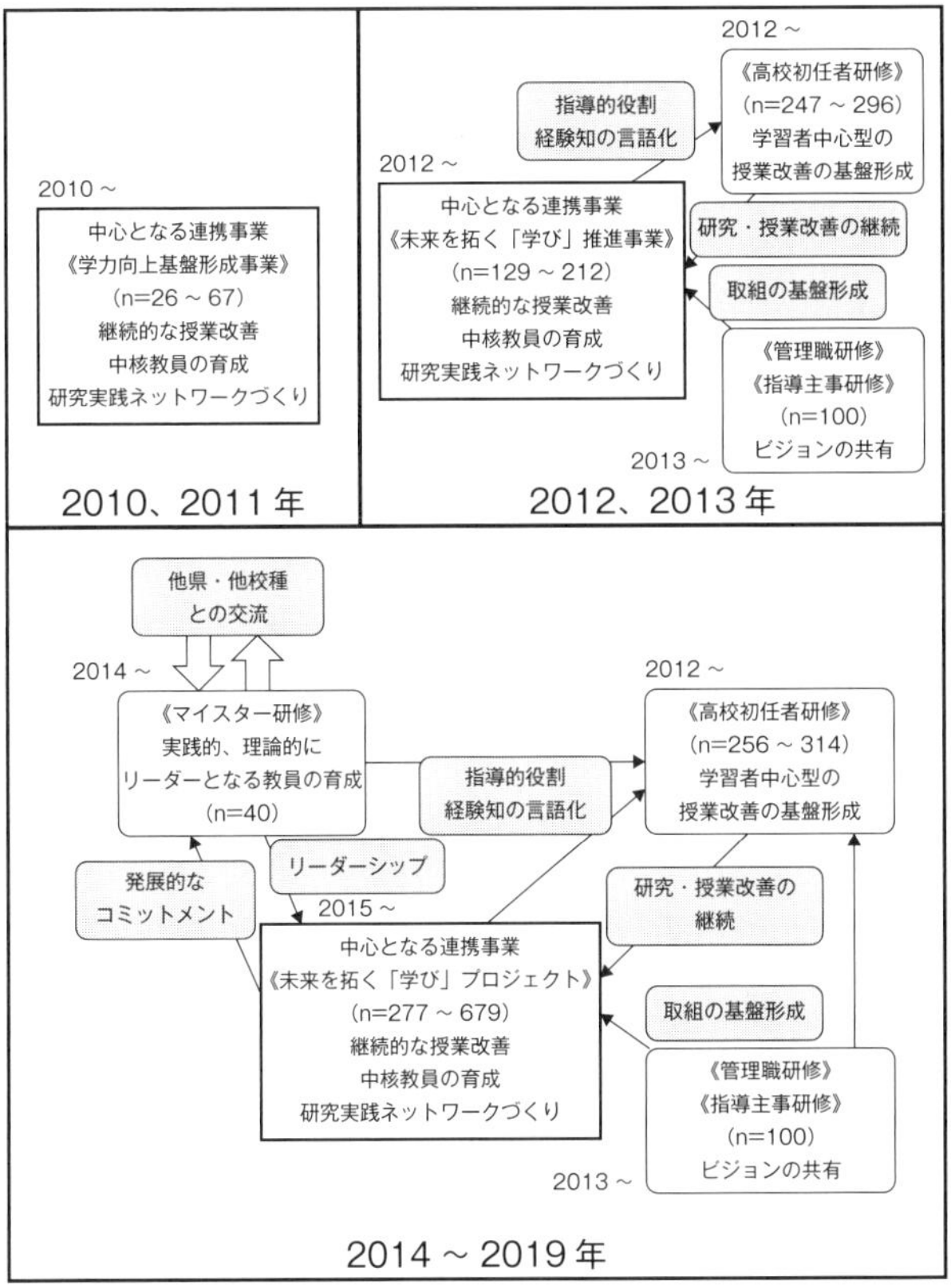

ソー法」を学んで、自分の授業でどう使うかを協議し、情報交換サイトでの協議も続けながら、二学期に授業を公開して、冬にシンポジウムで報告するという活動を行いました。はじめて「知識構成型ジグソー法」に触れた先生方からは「なぜ自分たちなら5分で終わる説明を、生徒に1時間かけてつくり上げさせなければならないのか？」という不満の声も聞かれました。

しかし、ひとたび授業をやってみて、どんなレベルの生徒も対話に熱中し、休み時間に入っても「光源氏ってさ」などと話し続けている姿に触れると、それまでの考え方を変えて、手法と理念の普及に一役買おうという気概をもった先生も現れはじめました。教科の専門性が高い先生たちだったからこそ、学習者中心の授業の意義を認めやすかったのでしょう。ここにも、本人の問題意識と外的な刺激の相互作用が見てとれます。

２０１１年にある進路多様校でなされた公開授業は多数の参観者を集め、「どんなレベルの生徒でもここまでの協調学習に従事できるのだ」という共感を得ました。実際に想定を超えた活躍を見せる生徒の姿に直に触れることが、見方を変えるのに役立つのでしょう。

こうした先生と生徒の変化を踏まえ、埼玉県は２０１２年から中核事業を継続させるだけでなく、初任者研修にも協調学習の授業づくりを導入します（**資料3**右上）。「授業力向上研修」と呼ばれるこのプログラムは、４日分の対面での研修と2日分の勤務校での授業実践から成ります。

ですが、勤務校に戻って「知識構成型ジグソー法」授業を行うと、管理職や周囲の先生がそれを知らないという課題がありました。そこで、県は２０１３年より管理職研修や指導主事研修（**資料3**右上）をはじめることで、研修のビジョンを校内外で共有し、取組の基盤を形成していきました。

加えて、授業力向上研修にメンターとして中核事業の研究推進委員を呼ぶことによって、初任者は体験者の教員仲間から学ぶことができ、かつその先輩をロールモデルとして、翌年度以降も学び続けたいと思えるようになります。研究推進委員自身もメンタリング（気づきを喚起する助言や指導）を通して、自分の経験則をことばで外化して見直すという建設的相互作用が体験できます。

次の三宅（２０１３年）のことばが、当時の様子をよく表しています。

今年は3年目で、埼玉県の中核事業だけでも、最初6校だったのが、2年目に27校、3年目には60校を超えました。３年目には初任の先生方への法定研修の一部もお引き受けしているので、そこだけで２５０名を超える先生方と一緒に授業づくりをしています。

3年目にもなると、参加する先生たちが勘所をつかんできてくれて、最初は私たちが一生懸命説明していたことを、彼らが自分の体験をとおして話せるようになってきたんです。その先生方が、初任者の研修に出て来てくださって、「これむずかしいよね」とか、「自分はこうやってるよ」とかって助言してくださっているのをうかがっていると、私自身の出番はもうなくなってもいいな、と思えるようになりました。先生たちは、先生たち同士で直接話したほうが、仲間だから伝わるんですよね[11]。

資料3の下図にあるように、最初26名ではじまった中核事業の研究推進委員も2014年には277名にのぼり、高等学校の全17教科をカバーするにいたりました。それでも、事業としては6月に一度対面で会って研究テーマや仮説を設定し、夏秋に授業を公開して、12月に再開し、1月に報告会を行うという大枠は変わっていませんでした。それだけに各教科部会の自律的なリーダーシップが求められるようになりました。

つまり、地歴なら地歴の部会で、今年は何をテーマとして実践研究を進めるか、どんなデータを共通に収集して、どうまとめてシンポジウムの報告材料にするかなどです。加えて、研究推進委員の授業実践や初任者へのメンタリング経験の蓄積は、彼・彼女らなりの「学習科学」を語り合って深化させたいとのモチベーションも生みました。

そこでCoREFは2014年から「本郷学習科学セミナー」（資料3下図左上の「マイスター研修」に該当）をはじめました。これは、協調学習の授業づくりプロジェクト参加者を全部で40名程度全国から集め、月1回丸1日のセミナーを年10回ほど行うものです。埼玉県はこのセミナーを活用して、セミナーに計6回以上出席し、3回授業実践報告を行ってCoREFの査読を得た教員を「協調学習マイスター」と認定しています。

セミナーでは、学習科学のより進んだ内容の学び、その「知識構成型ジグソー法」授業への結びつけ、児童・生徒の対話も含めた、詳細な学習過程の分析を行うことで、授業デザインや授業で起こっている学びの過程について、自分のことばでより豊かに語ることができるようになることを目指しています。それが右記のモチベーションに見合った発展的なコミットメントや、リーダーシップの充実基盤、さらにはメンタリングを通した経験則の言語化を可能にします。他県で「うちの学校ではジグソーはできません」と仰っている学校の生徒に授業をやってみせる「出前授業」にも取り組みます。いずれは、実践者と研究者の垣根を越えた新しい学習科学研究者になっていくことでしょう。

〈注⑪〉http://amphibia.jp/archives/160

以上の経緯を踏まえて**資料3**を見直すと、システムの成長が、プロジェクトや各種研修のつながり合い、さらに先生方のネットワークの結びつきによるＮＮｓの形成という形で進んできたことがわかります。

このＮＮｓは、先生方に研修やプロジェクトで学んだことを使い続け、学び直し、ビジョンや授業の型を共有した同僚・管理職と共に実践し、教室や教科、学校、自治体を越えて多様な仲間と実践について語り合う機会を提供するものになります。

それでは本節の最後に、スケールアップとシステムの成長が実際にどう組み合わさっていたのかを見ていきましょう。

資料4は、初任研の協調学習関連のプログラムに参加した受講生が翌年にどれだけ中核事業に参加したかの率を表したものです。初年度の２０１２年のプログラム修了生が16％しか中核事業に進まなかったのに対し、２０１７、２０１８年は半数を超えるところまで増えてきています。一部の者だけでなく、多くの初任者が学び続けるようになっているといえます。

資料5は、初任研のプログラム経験者が中核事業の参加教員のどれだけを占めているかを表したものです（こちらは前年度経験者以外も含みます）。いまや、中核事業の7割以上が初任研経験者で占められていることがわかります。

資料4　初任研（授業力向上研修）翌年の中核事業参加率

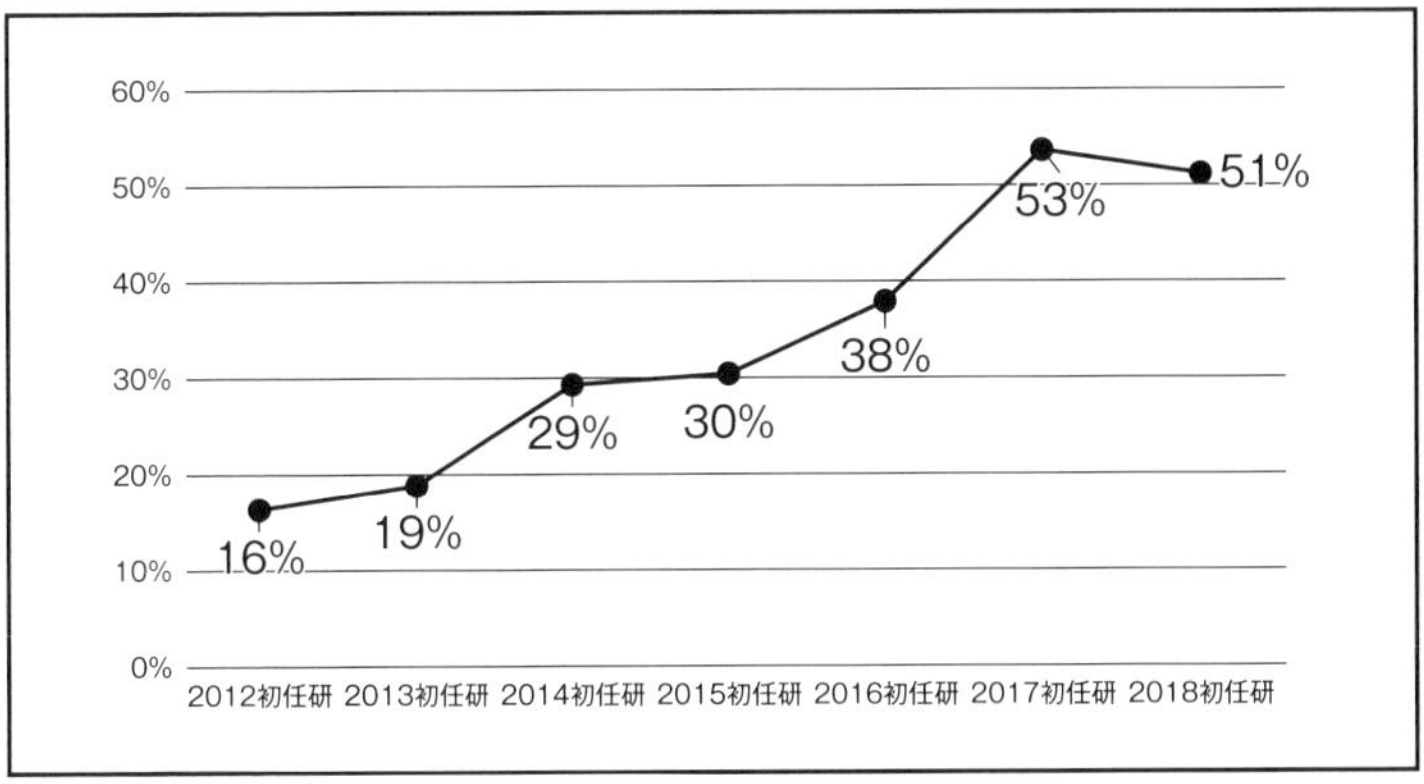

資料5　中核事業参加教員中の初任研（授業力向上研修）経験者率

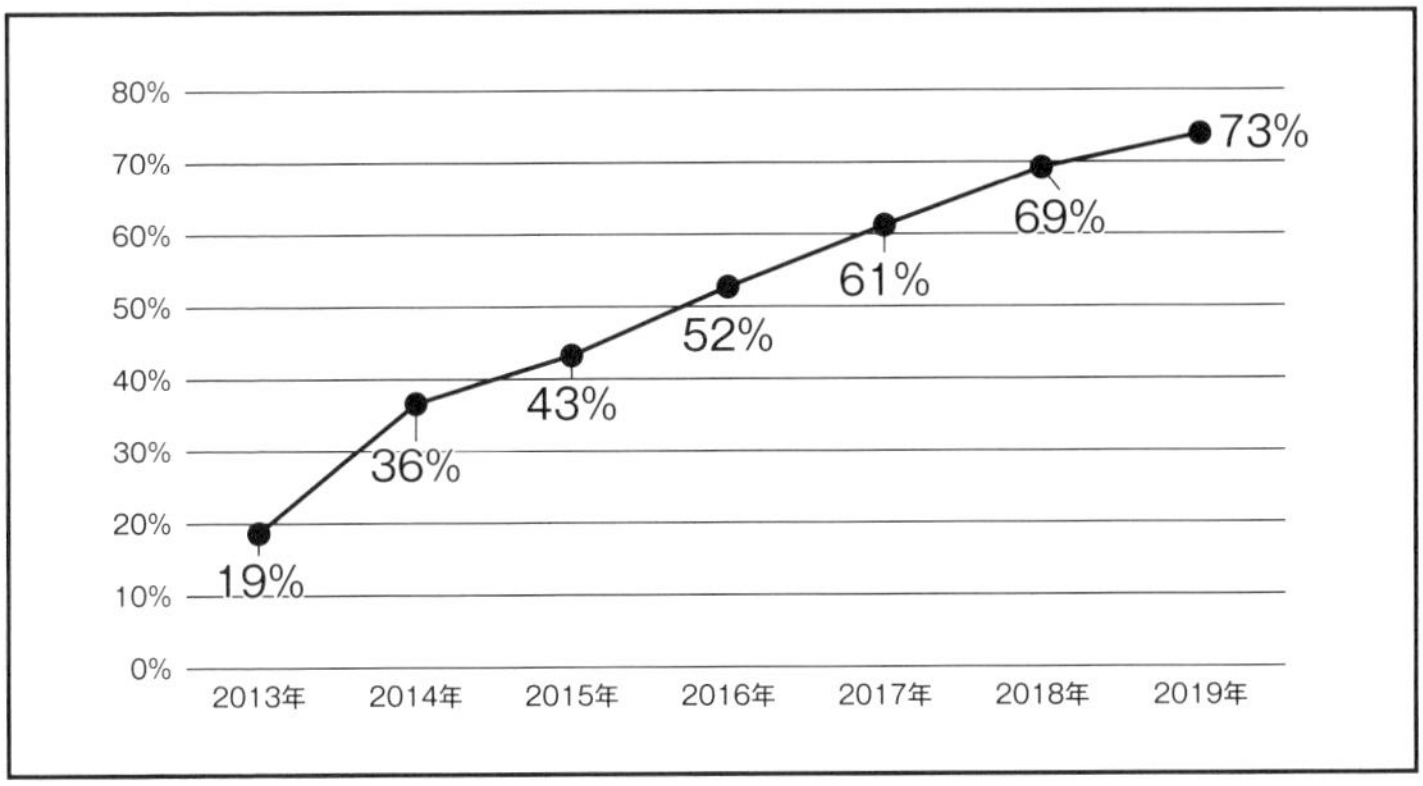

以上の結果は、中核事業遂行に際して、メンバーの経験の共有度が上がってきているという成果を示す一方で、メンバーが若返ってきているという問題も示唆しています。「本郷学習科学セミナー」においても、初年度のマイスター取得教員15名中8名が10年以上の教職経験をもっ

ていたのに対し、２０１８年の８名は全員10年未満の経験しかもっていませんでした。

こうした「経験不足」とも見える若返り問題をどう解決するか、協調学習の「常識化」をどう日々の授業の質充実という「日常化」につなげていくか、「知識構成型ジグソー法」が普及することで、かえってそこからの学びが薄まってしまうことをどう防ぐかが次の課題です。

(4) 課題の深化

この10年の歩みを事業・研修内容や先生方の学びに踏み込みながら振り返ってみましょう。大きく分けると、埼玉県とCoREFは、**資料6**のような「創成期」「展開期」「再創成」期の三期で課題を深化させてきました。

最初の２年間は「『知識構成型ジグソー法』を使って本当に授業ができるのか」という観点で教材をつくって試して、結果を共有・普及していくところに主眼がありました。そのために体制（**資料6**中「システムの特徴」）としても、ベテラン中心に事業を展開しました。

それが２０１２年に、初任研への協調学習の導入というスケールアップ問題に直面して、授業の型を単に「形」として普及させるのではなく、学びを見とるために使い、そ

資料6　プロジェクトの課題深化の全体像

	2010-2011年：創成期	2012-2016年：展開期	2017-2019年：再創成期
課題	教材開発による普及	スケールアップに直面しながら学習観・理論を協調的に改訂	生徒の深い学びを引き起こすための各学校の自走
授業の型	授業づくりのための「知識構成型ジグソー法」	学びを見とる（学習評価の）ための「知識構成型ジグソー法」	授業研究のための「知識構成型ジグソー法」
ツール	授業案・授業デザインシート（2010-）	振り返りシート（2012-） 授業案の改訂（2012-）	シミュレーションシート（2017-） 見とりの観点シート（2018-）
事業・研修	中核事業（2010-）	初任者研修（2012-） 管理職研修（2013-） 本郷学習科学セミナー（2014-）	――
システムの特徴	特定のベテラン教員 CoREF や教委主導の展開	初任者も含めた大規模なスケール 重層的なサポート体制の構築	NNs の形成 学校・教員主導の体制へ

れをもとに先生間で学習観・理論を議論しやすくする「工夫」を図りました。工夫の一つが各種ツールであり、もう一つが事業・研修の追加と関連づけによる重層的なサポート体制の構築でした。折しも東京大学CoREFから、第5章で紹介した齊藤先生や飯窪先生など特任助教3名が、各1名ずつ2014年、2015年、2016年に埼玉県立総合教育センターに派遣され、教職員研修担当の指導主事として、事業・研修の企画や運営に携わりました。

2017年頃からは、広範かつ密なネットワーク（NNs）のもと、各学校が授業研究を軸にどう自走していくかに課題が移りつつあります。そのためのツールは第7章で紹介します。

以下、先生方の学びの深まりをこの変遷と結びつけて見ていきましょう。

①見取りのためのツール：振り返りシートを例に

まず展開期のスケールアップに際して、ツールも含め、いかに学びの見とりを支援しようとしたかについて、第5章に紹介した「振り返りシート」を例にお話しします。

そもそも「知識構成型ジグソー法」は、授業の最初と最後に同じ問いを聞くことで、子どもの考えの深まりを捉える機能を内蔵しています。これに対して、先生方には最初のステップを割愛する傾向がありました。「教えていないことは聞いてもしょうがない」と考えがちなためでしょう。

しかし、子どもは教えてもらう前から自らの経験則や素朴概念をもっています。すると、とにかく「最初に考えを聞く」ステップを先生に押さえてもらって、その効果を確認できれば、子どもたちの概念変化に迫りやすくなる可能性があると考えられます。「適当な児童・生徒を3名選んで、その事前・事後の解答を書き写す」という振り返りシートは、この観察の窓を開けることにつながります。

では、実際にそのシートを導入した2012年以降に、先生方は「事前・事後」のステップをちゃんと踏まえるようになったのでしょうか？

資料７　事前・事後解答記述のステップが行われた授業数／開発教材数

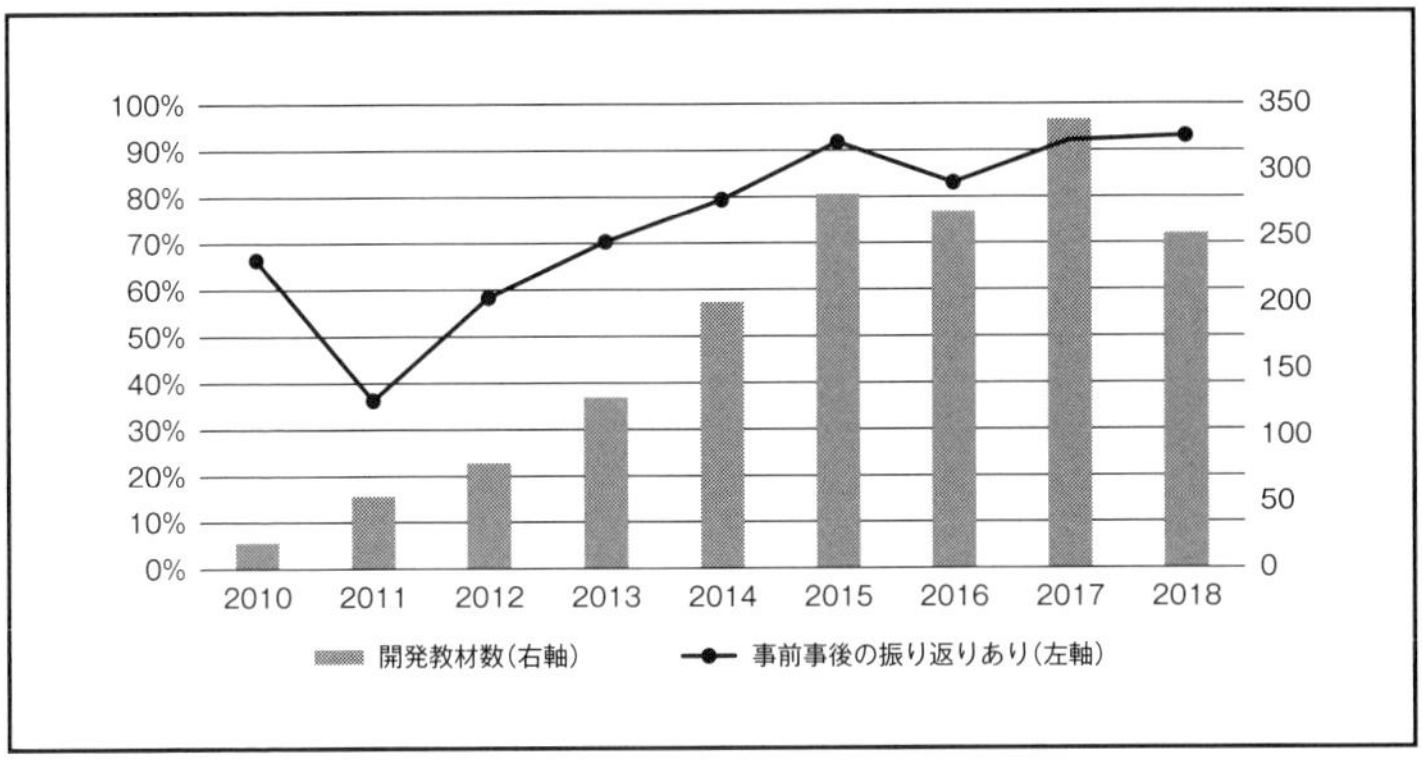

資料７がその結果です。棒グラフが各年度の開発教材数、折れ線がそのうち事前・事後の解答記述のステップが確かに実施されていた率です。

初年度はCoREF研究者と研究推進委員の教員が直接やり取りをしていたので、事前・事後記述がある程度実施されていますが、２０１１年にはやり取りがなくなり落ち込みます。しかし、２０１２年の振り返りシート導入以降は順調に率が上がりました。多様な教員の手で毎年２５０以上の教材が開発されるようになった２０１５年以降も、80％以上の高い割合で事前・事後の記述データが取られていることは、特筆すべき結果です。

②型とツールとシステムの結びつき：初任研のプログラムを例に

しかし、授業の型を踏まえ、振り返りシートを記述しているからといって、授業デザインや生徒の学びに対する洞察が深まっている保証はありません。そこで、まだ教科の専門性が高くなく、教職経験も長くない初任者の研修プログラムを例に、型とツール、そしてシステムを結びつけることでどのような学びを実現しようとしているのかを見ていきます。

資料8が２０１２年と２０１５年の初任研の授業力向上研修プログラムを比較したものです。まず初年度２０１２年のプログラムの流れを紹介し、そのうえで、２０１５年にそれをどう改善したかを説明します。

研修初日、初任者の先生方は学習理論に関する短時間の講義後に、実際生徒役になって「知識構成型ジグソー法」授業を体験します。授業づくりの原則を考えた後、自分の教室でやるとしたらどんな授業をやりたいかという授業案を各自でつくってきます。

約1か月後の2日目は、複数の授業案に触れて授業づくりを学ぶとともに、初日に体験した授業の課題の答えを自分が覚えているかや、実際に解答を評価してみる体験を通して評価について学びます。最後に宿題でつくってきた授業案をもとに、授業を具体的につくってみます。

次に、1学期の終わりや2学期のはじめに勤務校で授業を実践し、結果を研修3日目にもち寄ります。振り返りシートも使って、どういう授業を行ったらどういう成果が得られたかを共有し、同じ教科の複数の実践をもとに、デザイン原則を抽出していきます。

資料8　2012年と2015年の初任研「授業力向上研修」プログラム比較

	2012年	2015年
1日目 (5月半日)	学習科学に関する短時間の講義 生徒として「知識構成型ジグソー法」を体験 デザイン原則を抽出 次回までの課題：授業案づくり	学習科学と「知識構成型ジグソー法」に関する短時間の講義 生徒として「知識構成型ジグソー法」を体験：理系教員は社会、文系教員は理科 「ジグソー授業のジグソー活動」を通じてデザイン原則を抽出 次回までの課題：要改善授業案の改善点指摘
2日目 (6月終日)	複数例から授業づくりを学ぶ 「知識構成型ジグソー法」の学習評価を体験 自作した授業案をもとに授業を具体的に作成	要改善授業案の改善点・案を議論 過去の授業案・教材のアレンジで授業を具体的に作成、実施をイメージ 初任者研修の先輩の体験談を聞く 「知識構成型ジグソー法」型の演習で学習評価を学ぶ
校内研修	1回目の授業実践（計画、実践、振り返り）	
3日目 (10月半日)	授業デザインと振り返りを共有 中核教員の指導の下、授業づくりのデザイン原則を抽出	授業デザインと振り返りを共有 中核教員やマイスター教員の指導の下、授業づくりのデザイン原則を抽出
校内研修	2回目の授業実践（計画、実践、振り返り）	
4日目 (1月終日)	授業デザインと振り返りを共有 「知識構成型ジグソー法」と協調学習のための授業デザイン原則を抽出	授業デザインと振り返りを共有 次年度以降の初任者のために「知識構成型ジグソー法」と協調学習のための授業デザイン原則を抽出

そこに中核事業の研究推進委員の先生がガイド役として加わり、質疑に答え、各グループの議論にコメントします。

その後、2学期の終わりや3学期のはじめに2回目の実践を行い、結果を4日目にもち寄り、3日目同様に授業デザイン原則を考えるだけでなく、それをポスターにまとめます。

授業実践と学習理

論が結びついた研修に見えますが、初任者の学びや反応を踏まえて、CoREFは2015年からプログラムに改善を加えました。

まず、1日目の授業体験に関して、文系教科の先生には理科の比較的クローズドエンドな課題、理系の先生には社会の比較的オープンエンドな課題を体験してもらい、その後二つの授業体験を交換する「ジグソー授業のジグソー」を通じて、共通点をもとに「授業の型がいかなる学びを保証するか」と相違点をもとに、「自分の教科のどの単元や内容に使えそうか」を考えます。

2日目に向けた宿題は、2012年のようにゼロから授業案をつくってもらう課題ではなく、各教科の課題や資料、ファシリテーションに不備のある「要改善授業案（ダメ授業案）」を渡し、改善すべき点を同定し、改善案を考える課題に変更しました。

2日目は、その結果を共有・吟味した後、先輩の良質な授業案を「自分たちのクラスでやってみると、生徒にどんな学びが起きそうか」についてシミュレーションします。その後、初任研のプログラムを数年前に受講した先輩から、授業づくりや実践にまつわる体験談を聞き、質疑応答から学びます。

このように、過去の授業案や先輩の体験という蓄積のうえに、「初任者はどんな授業がうまくいきそうで、どんなものがそうではないか」という「より繊細な差異」について考えることができるようになりました[12]。

以下は、3日目の研修最後に、中核教員やマイスター教員が初任者とやり取りした際の発言例です。例は、2019年の地歴公民教科です。

初任者　ジグソー活動のときに生徒が互いに資料を見せるのは、ありですか？

中核教員　全然、見せてよいのでは？　資料を見せても、その内容を確認するという活動は出てくる。資料を見せずに説明を口頭で各生徒が再構築するという活動は有意義だけど、あまり縛り過ぎちゃうと（授業が）空中分解しちゃう。生徒に必要だと先生が判断された場合は、弾力的に対応されたらよいのでは？

マイスター　「A、B、Cの資料をグループで回しておしまい、という状況がどうか？」ということですよね？　それは、先生が何を目当てにするかによります。写し合っていても「問題解決のための内容確認」が目当てなのならOKだし、「説明する」というのが目当てなら、たとえば拡大コピーした資料を渡して、図表を指さしながらでも説明してもらうように支援すればいい。目的次第かな。だから、何を

〈注⑫〉初任者の学習内容については、前掲の飯窪（2016年）をご参照ください。

生徒に一番やってほしいかという目的を僕たちが意識しておかないといけない。

初任者　教材研究の時間はどのくらいかけましたか？　その時間が大変で。

中核教員　初任のときは、一授業に延べ5、6時間は最低でかかっていたけど、最近は三連休で1回つくってから、ある程度時間を置いて見直して完成、というようになっている。教科部会で2014年に研究開発員にアンケートしたときは、平均17・9時間かかっているという回答だったのだけど、今（2019年度）は平均10・6時間で済むようになった。それだけ、教材の蓄積も増えてきたということ。ぜひ先輩のを拝借してアレンジしてみてください。蓄積された教材があるので、単元での位置づけやアレンジの仕方についてもかなりの示唆を得られるのでは？　そうやってくれると、私たちも苦労したかいがある。失敗も赤裸々に出しているので。

初任者　評価がむずかしくて。何を究極的に評価でねらえばよいのかな、と。また、それとも関連しますが、どんなときにジグソーを使えばよいですか？

中核教員　ジグソーは、コミュニケーション能力の育成が目的じゃなくて、学習を成り立たせるための手段ということはみんなわかっているよね。深い学びにどうやって結びつけていくかが問題なので、「話し合えたからよかった」ではなくて、「期待する解答の要素」にどれだけ近づけたのかを評価したい。でないと、授業も自己満足になっちゃう。

マイスター教員　高校生にとっての地歴公民の授業2単位150時間のために、このジグソー授業の型で学ぶことで何が還元できるのかな、と考えるのが大事だと思う。教育は人格の完成を目指すというのはみなさんもご承知おきだと思いますが、だとしたら、個々人を育てるのが目標。いい学級、集団を育てるので終わりではなく、その先に個人の成長につなげられるかが問題。ジグソーが「一人ひとりを育てるやり方」として一番有効だったら使えばいいし、講義がよいと思うときは、それを使えばいい。とにかく、生徒が成長できる仕掛けをどれだけ授業に埋め込めるかで、そのトライは私たち先輩教員にとっても有効な示唆を与えてくれる。それをまた埼玉県の中で蓄積していければ嬉しい。一緒に成長していきましょう。

初任者の「ハウツー」に関する質問に対して、中核教員らが経験則を自らの学習科学に昇華させたデザイン原則に基づいて答えていることが見てとれます。そんな彼らも最初からこうだったわけではありません。NNsのなかで実践と同僚・先輩・後輩から学び合いながら、自分なりの「生徒はいかに学ぶか」「だから自分はどう支援したいのか」という納得モデルを形成していったのです。そして、いずれ初任者もこの輪に加わっていきます。

③認知過程に注目した授業研究：自走に向けて

右記の初任研を繰り返すうちに、CoREFのスタッフが気づいたのは、授業そのものの成否よりも、「生徒はどう学んだか／学び損なったか」「それは授業のどんなデザインのためなのか」などの振り返りの質が、その初任者が2年目以降も協調学習を学び続けていくかと相関していることでした。

つまり、**「生徒はいかに学んだか」に注目することが、長期的に見たときの授業力向上に役立つ**ということです。だからこそ、初任研のプログラムでは、3、4日目に振り返りをもち寄って協議して共有を図る試みを入れています。

しかし、これをもっと組織的に支援できないか？　それができれば、各学校や教科のＮＮｓのなかで、単に授業手法として「知識構成型ジグソー法」を共有するだけではなく、生徒の学びを見とって伸ばす授業研究のための型として位置づけ直すことができるはずです。

ビジョン提示アプローチであれば、学校一丸となって取り組むことが「文化」を変えるために要請されるのですが、ＮＮｓによるアプローチには、各学校の教員が一人からでも参加できる自由度がありました。しかし、各学校や地区内に参加教員が増えてきた現在なら、協働によって各拠点でより自律的な授業研究コミュニティが形成できるはずです。

この課題は、CoREFにとっても現在最大の課題であり、他のプロジェクトにも参考になるものですので、章を改めて議論します。

3 実践学の創出に向けて

第5章で紹介した「実践の科学」を短く「実践学」と呼びましょう。その創出に向けて、本章の事例からは授業の型や振り返りシートなどのツール、そして事業や研修のプログラム、そこで学んだ先生同士のつながりが一丸となって結びつくことの重要性が感じられたことでしょう。

しかも、システム全体の課題直面に応じて、授業の型の位置づけ自体も見直されていくダイナミズムがありました。「パッケージ化アプローチか、ビジョン提示アプローチか」という対立も、実はそのアプローチを社会的にどう支えるのかという観点と切り離しては考えられないのです。

学習科学がすべての学校、すべての教員、すべての子どもの役に立つ研究分野であろうとするならば、どこかの学校を比較対照群と見て介入しなかったり、どこかの単元だけで成果を上げて知見を強引に一般化したりするのではなく、「あらゆる環境や状況下で実践が成立する（ねらった成果が生ずる）ことを示す」ことが必要になります。それは当然、単発の学校や教員との協働ではなく、教育行政関係者や管理職も巻き込んだ組織レベルでの変革を要請します。

最近の学習科学では、教育現場の主体的かつ長期継続的授業改善を支えるために、システムの形成や改善を視野に入れた、より包括的な実践研究の考え方―**デザイン社会実装研究**（Design-Based Implementation Research）[13]―が生まれてきています。それは単に教育実践にシステムデザインの視点を取り入れることにとどまらず、学びの仮説づくりと実践・評価のサイクルを、あらゆる教室で日常化しようとする営みと見ることもできます。

逆にそれができるようになれば、**学びの原理に基づいて「授業の型」というパッケージから離れていくような「守破離」や、パッケージを媒介にしたネットワークのなかでのビジョン提示ができるようになっていく**可能性もあります。

たとえば、マイスター教員でもある小河園子先生（前出）は、外国語科における協調学習の実現を武道でいう「守破離」の原則に照らして、**資料9**のようにまとめています[14]。「知識構成型ジグソー法」を型通りに実行する「守」の段階から、そのエッセンスを日

資料9　守破離（「知識構成型ジグソー法」の段階的ステージ）

守 syu	Keep-to-the-principles stage Different types of information as an "expert resource" are given to groups by a teacher; Shared goal set by a teacher; Groups-of-three formation; Reorganization of groups happen
破 ha	Break-away-from-the-principles stage Use textbook or newspaper material as resource instead of worksheet; Use a students' own knowledge as "expert resource"; Form a group and then mergers happen, not reorganization
離 ri	Away-and-free-with-principles-in-mind stage Use ample range of materials; Each question/answer in the classroom is a series of one-to-one, two-to-two, one-to-the-whole exchange of information and ideas

常的にどの授業でも柔軟に実現しようとする「離」の段階への移行がイメージされています。

ネットワークのなかでのビジョン提示例としては、第1章のフィリピンでの実践があります。これは埼玉県が国境を越えて「アクティブ・ラーニング型授業による授業改善のための教員研修支援」を行うという相当ワイルドな試みでしたが、フィリピンの教育行政関係者や先生方の

〈注⑬〉Penuel, W., Fishman, B., Cheng, B. H. & Sabelli, N. (2011). Organizing research and development at the intersection of learning, implementation, and design. Educational Researcher, 40, 331-337.
〈注⑭〉第5章引用の Ogawa, S.(2016).

がんばりもあって、2年間という短期間で急速に発展しました。その支えに、これまでの研修や教材の蓄積、そしてマイスター教員の存在がありました。

たとえば、2017年夏のフィリピンセブ訪問には、埼玉のマイスター教員も同行しました。小学校の理科で〝How does the skeletal system work（骨格系はどう働いている）?〟というメイン課題のジグソー授業があったのですが、エキスパート資料の一つはひたすら骨の名前を覚えるもの、もう一つは骨格の支柱（support）機能、残りの一つは保護（protect）機能について説明したものでした。授業最後の児童のクロストークは、三つをまとめるものというより、エキスパート資料への解答を羅列するものになってしまいました。これに対してフィリピンの教員と共に日本の理科・外国語のマイスター教員（一人は先述の小河先生）で協議したグループからは、次のような意見が出されました。

一つの資料だけにたくさんの骨の名前の情報があって、ほかにはほとんどないという構成が気になりました。たとえば、同じ情報を「支える」「守る」「動く」機能に分けて、脊椎は「支える」、頭蓋骨は「守る」、腸骨は「動く」ためにある、というように名前をつけながら機能を考えることもできたのではないでしょうか。もしそんな教材ができたら、日本の高校生相手に英語で授業をやってみたいです！

はじめて出会った、文化も言語も違う先生同士が、授業の型を共有しているからこそ、子どもの学びを見とり、次の授業のアイデアを出し合い、さらにはできあがった教材を共有して互いの国で試してみるネットワークが広がっています。その先生の学びの輪の真ん中で、子どもたちが育っていきます。

第7章

対話から創造へ

1　学びのエビデンスとしての手応え

本章では、これまでの章の内容と協調学習の授業づくりプロジェクトの成果を振り返って、これからの時代の教育に対して私たちが貢献できそうなことを探ってみます。

２０１０年から、全国大小さまざまな都道府県市町教育委員会及び学校等とCoREFが展開してきたプロジェクトも、この執筆時点で10年目になりました。

この「10年間続いてきた」という事実自体が、子どもが対話を通して授業で学ぶという手応え、先生方が対話を通して互いの授業づくりから学ぶという手応え、管理職・教育行政関係者・研究者も対話を通して授業研究の仕組みづくりから学ぶという手応え、そしてみんなが建設的にかかわり合いながら成長していくという手応えを示唆していると感じます。

そうは言っても、「手応え」というものは当人が感じることですので、それをもう少し目に見える形にできるか、やってみたいと思います。

(1) 子どもの学びの手応え

子どもの学びの手応えは、一つには授業前後で一人ひとりがどのくらい答えをつくり上げていったか、二つにはその体験がどれだけ楽しかったか、三つには授業中、実際どんな対話に従事できたのかで見ることができるでしょう。

①授業前後での伸び

一点目には、「知識構成型ジグソー法」の授業前後での一人ひとりの解答が使えます。それを先生は第5章の振り返りシートにしたがって3名分（あるいは、第4章でグラフを紹介したようにクラス全員分）ピックアップし、それぞれ授業前より良質な解答になっているかを検証することができます。

私たちは、クラスの8割以上の学習者が、先生の期待する8割程度の要素を含んだ解答を授業後に出せるようになることを一つの目標にしています。そこでCoREFの2018年度活動報告書に収録されている小中高あわせて2426教材のなかから、ランダムに88授業を抽出し、児童・生徒の解答について、授業前より授業後に記述量が増えているか、期待する解答の要素に言及できているかを先生方の振り返りシートをもとに確かめてみました。

その結果、対象となった388名[1]中約9割（349名）の児童・生徒が授業前より授業後にたくさん書くようになっていました。期待する解答の要素を8割以上押[2]さえた児童・生徒は、授業前には1割未満（36名）しかいませんでしたが、授業後には65％（252名）に増えました（要素数としては、授業前に一人当たり平均25％の要素に言及していたところから、授業後は76％の要素に言及するところまで伸びました）。

「8割以上押さえる児童・生徒が8割」という目標には達しませんでしたが、「知識構成型ジグソー法」の授業の特徴を踏まえると、これは大きな成果だと感じます。なぜなら、先生が直接答えを教えずに、子どもたちに任せきる授業であっても、児童・生徒が学校種や学年・教科・学力レベルにかかわらず、自分たちで答えの部品を読み解き、話し合いながら考えて、答えをつくり上げていくことができるということが示唆されているからです。

全体の9割が授業前より多くの量を「書く」ようになることには、仲間との対話からおのずと自分なりの理解ができてきたという学習成果、そしてそれを形に残しておこうという学習意欲がうかがえます。また要素数で見ると、授業前から学習対象に関する知識は3分の1程度カバーしているにもかかわらず、それをまとめ上げて先生が期待する解答のレベルまで書ける児童・生徒は1割に満たないという事実も示唆的です。反面、授業後にはそのカバー率も統合的な解答をする児童・生徒数も5割程度伸びていくわけです。

知識の「構成」は、その習得とともに進み得るということなのでしょう。それは子どもたちにとっても、「対話してみると、自分の考えってよくなるんだな」と感じる材料にもなるはずです。

②学ぶ楽しさ

それでは、こうした体験は、子どもにとって「楽しい」ものなのでしょうか？

「知識構成型ジグソー法」という授業の型は、どの児童・生徒にも、自分の考えを話して、それを聞いてもらえるチャンスがあります。加えて、右記で見たとおり、クラスの9割以上が答えを出せない問題に対して、だんだん自分たちで答えをつくり上げていく授業でもあるわけです。それは、子どもにとってワクワクする体験なのではないで

〈注①〉人数が授業数の3倍（3名分）にならないのは、クラス全員を対象にしている先生が含まれるからです。なお、3名のチョイスは授業者の先生に任せてありますので、学力層から一人ずつ選ぶ先生もいますし、うまくいった児童・生徒を中心に選ぶ先生、逆に不得意な児童・生徒をあえて選ぶ先生もいます。その結果は、クラス全員を分析した場合と比較して大きな差はありませんでしたので、ある程度全体としてランダムなサンプルになっていると思われます。
〈注②〉先生の期待する解答の要素が一つの場合は一つ書けた児童・生徒、二つの場合は二つ、三つの場合は三つ、四つの場合は三つ、五つの場合は四つ以上…と小数点第二位を四捨五入して8割になるラインで判定しました。

しょうか？

そこで、「新しい学びプロジェクト」と「未来を拓く『学び』プロジェクト」で、2012年度から授業後に同じ項目でアンケートしている結果を計8年分、**資料1**にまとめてみました。項目は「授業の楽しさ」「この授業をやりたい頻度」です。高校の公開研究授業等の際に組織的にとっているのもあって、高校生の人数が多めになっています。

「楽しさ」については、「とてもたのしかった」「たのしかった」という回答が全体約4・3万人の7割以上を占め、多くの児童・生徒がこの授業を楽しく感じていることがわかります。「つまらなかった」「とてもつまらなかった」という回答は、足して2・9%ですので、35人学級で1人程度の割合です。個別で見ると、小学生から中学生、高校生へと素直に楽しいと表明してくれる割合は減っていて、これは授業の質のためでなければ、年齢によるものなのでしょう。

次に、「学校の授業全体のうち、このような進め方の授業（グループでの話し合いを中心にした授業）をどのくらいやりたいですか」という問いについても、全体で7割以上の生徒が「毎日1時間かそれ以上」「週に1、2回」「月に1、2回」を望んでいます。「やりたくない」と答えた児童・生徒は全体で6・1%と、35人学級で2名程度でした。小資料1　授業の「楽しさ」と「やりたい頻度」

校種（回答数）	小学校 (n=1956)	中学校 (n=2119)	高校 (n=39075)	全体 (n=43150)
5. とてもたのしかった	56.0%	36.0%	23.1%	25.2%
4. たのしかった	31.7%	44.9%	48.8%	47.9%
3. たのしくもつまらなくもなかった	11.7%	17.4%	25.1%	24.1%
2. つまらなかった	0.5%	1.0%	2.0%	1.9%
1. とてもつまらなかった	0.2%	0.7%	1.0%	1.0%
評定平均値	4.43	4.15	3.91	3.94

校種（回答数）	小学校 (n=1959)	中学校 (n=2090)	高校 (n=39025)	全体 (n=43074)
5. とてもやりたい （毎日1時間くらいあるいはそれ以上）	31.2%	15.0%	11.0%	12.1%
4. やりたい （週に1, 2回くらい）	41.4%	38.9%	21.9%	23.6%
3. 時にはやってもよい （月に1, 2回くらい）	20.7%	34.9%	38.2%	37.2%
2. たまにはやってもよい （学期に1, 2回くらい）	5.9%	9.5%	22.3%	21.0%
1. やりたくない	0.7%	1.7%	6.6%	6.1%
評定平均値	3.97	3.56	3.08	3.15

中高で回答パタンが変わるのは「楽しさ」の場合と同様です。

児童・生徒は「知識構成型ジグソー法」授業を経験すると、「頭をとても使った」「脳に汗をかいた」という表現をすることがあるので、肯定的な場合でも「毎日やるのはちょっと大変」という気持ちがあるのかもしれません。それでも「楽しい」と回答してくれるということは、授業前後の成果とあわせて考えると、自分なりにわかる喜びや学ぶ楽しさ、あるいは、わかりきらない面白さや謎が残る楽しさがこの授業にあるということなのでしょう。

なお、これらの結果のパターンは、学校のタイプ（高校の場合だと進路多様校か進学校かなど）や教科でほとんど変わりません。[3]「どんな子どもでも学びたがっているし、わかりたがっている」と考えて授業をつくってみることが必要なのかもしれません。

③対話からの学び

しかし、よく考えてみると、たとえエキスパート資料でヒントが与えられているとはいえ、子どもたちが自分たちで話し合っているうちに答えが出てくるというのは不思議な気もします。そのメカニズムである建設的相互作用や授業における対話例は、第2～4章に紹介しましたが、ここでもう一度、子どもがどうやって答えを見つけていくのかを検討してみましょう。そのためにはうまくいった対話例とそうでない例を比較できるとよさそうです。

第5章で紹介した堀先生の授業を覚えていますでしょうか？ 運動の仕組みに関する中学2年生の授業で、1年目は「部活でのボールを打つ動きのストーリーを語ろう」という課題、2年目は「落ちてくる定規をつかむ指先の動きを説明しよう」という課題でした。

まず授業前後での記述解答の伸びについて、ワークシートが残っていた生徒について分析したところ、1年目（n＝12）は期待する解答の要素（第5章参照）を授業前後とも不完全にしか言及できませんでした（要素数としては授業前が11％、授業後が69％）。ところが、2年目（n＝38）は期待する要素の44・7％を授業前に不完全に言及していたところから、授業後には不完全・完全な解答を含めて78・1％（完全な言及だけなら35・1％）まで言及できるようになりました。

堀先生によると、2年目の学級のほうが、テスト成績で言うと1年目の学級より苦戦していたそうです。しかし、同じ資料を使った授業において2年目のクラスの理解のほうがより深まったのです。

対話例を見てみましょう。

まず1年目の授業のものです。ジグソー活動で資料内容の交換が終わり、メイン課題の解決に入るところです。

それぞれ独立した発話であり、かみ合っていない印象があります。各自の疑問

〈注③〉CoREF（2013年）『自治体との連携による協調学習の授業づくりプロジェクト　協調が生む学びの多様性　第3集（平成24年度報告書）』東京大学　大学発教育支援コンソーシアム推進機構、8～14頁

（「？」）に注目して、発話を追ってみると、1行目のミカンさんの発話は他の二人にやり過ごされ、せっかく3行目でボールの取り方をまとめてみたものの、慎之助くん・桃子さんはそれぞれ別の問題を話題にしています。

5行目で桃子さんが資料の発問（「筆箱を持ち上げたときの分析・判断・命令過程を考える」）とメイン課題の対応を問題にすると、ミカンさんが反応してくれましたが、あくまで課題理解にとどまっていて、共同での解の探究には至っていません。

1．ミカン「筋肉からの骨で体が動くっち（註：「っち」は大分弁で「～って」の意）こと？ 的な？ 神経を通って」

2．慎之助「（ペンが）薄いな少し…」

3．ミカン「筋肉を通って、命令がぷしゅーっち。で筋肉が…筋肉が動くけん、骨も動いて。その、筋肉と骨が動くけん、体はボールをとった、じゃないかなー的な？」

4．慎之助「持ち上げる…」

5．桃子「（資料を見て）命令が行ってる。筆箱じゃないじゃん。これのこと…どういうこと？」

6．ミカン「これ筆箱じゃなくて」
7．桃子「ボールを取れっていうこと」
8．ミカン「バレー（ボール）として置き換えて」

これに対して、次の対話が2年目の授業のものです。まるで遊んでいるかのような対話ですが、落ちる定規をキャッチするという課題を実演しながら、骨と筋肉の動きの関係を探究しています。疑問に注目してみると、健宏くんと始くんの実演をモニタリングしていた雪さんが4行目で筋肉の動きの仮説を提案すると、それに対して健宏くんが「筋肉の収縮が（腱を介して）骨を動かす」という説明を行います。すると、それに雪さんが「待って」と言いながら、次の探究を続けていく対話になっています。[④]

1．健宏「再現。落ちました（定規を始の手にゆっくり落とす）ピピピピ（脳から腕を指

〈注④〉この授業の分析は下記でより詳しく取り上げられています。飯窪真也・齊藤萌木（2018年）「対話的な学びの中で何が起こっているか⑵」三宅芳雄・白水始（編）『教育心理学特論（'18）』放送大学教育振興会、177～194頁

さして神経の動きを再現）」

2．始「じゃ、再現（定規を自分の手にゆっくり落とす）」

3．健宏「ドドドン（始が定規を指でつまんだ後、健宏が指で円を描くようにしながら発言）」

4．雪「はい。それで筋肉が動く？　筋肉が動いたら骨が動くん？　あら？」

5．健宏「筋肉が伸び縮みして骨が動く」

6．雪「待って、待って、待って。ほんで筋肉が…」

このやり取りのように、生徒たちはメイン課題の解決に向けた小さな問いを出しては、それに対する答えの候補を提案して確かめ、また次の疑問に突き当たるプロセスを繰り返していました。そこにモノ（定規）とのインタラクションや、役割交代しながら現象をことばにしていく建設的相互作用が働いていたわけです。

こうした問いと答えの連鎖が理解深化と相関するのかを確かめるために、各年度の記録の残っているジグソー活動全発話から、疑問を数えてみました。⑤ すると、1年目は20分間の24名分のグループ対話で339個、2年目は15分間の21名分の対話で430個の疑問が出されていました。

一人一分当たりの平均疑問数を出すと、1年目の0・7個に対して2年目が1・37個と二倍近くになりました。授業前後で理解が深まった授業のほうが、より多くの疑問が出されていたことになります。

さらにそのうち、どのくらいの割合で疑問が発話者以外のメンバーに取り上げられ、共に探究され続けたかを調べました（右記の対話例ですと、2年目の4〜6行目が該当します）。その結果、1年目は疑問の16％しか共同探究されなかったのに対し、2年目は39％が共同探究されました。

つまり、授業前後で理解が深まり、おそらく生徒も「わかった」感じがした授業のほうが、むしろ授業中はたくさんの疑問が出され、その疑問にみんなで巻き込まれて、「わからなさ」と格闘していたわけです。

④対話から創造へ

答えを出したい「問い」を共有し、誰もが完全な正解をもたないという場で考えながら話し合うと、当然わからないことがたくさん出てきます。それに対する答えもすぐに

〈注⑤〉齊藤萌木・飯窪真也・白水始（2018年）理解深化につながる対話を見とる指標の提案：対話中の疑問を軸として、日本認知科学会第35回大会論文集、246〜255頁

は納得を得られません。だからこそ、一人ひとりが自分の考えを少しずつつくり直していかざるをえません。

それがある程度共感を得る答えになった場合は、それを足場にまた次の疑問が見えてきますし、共感できない場合は、各自の考えをよりしっかりさせようとする動機づけが働きます。こんなふうに**疑問を解いては次の疑問が生まれる過程に繰り返し従事することで、子どもたちは気づけば自分で答えを創り出していく**のでしょう。

たとえその答えが、大人から見ればすでに世で知られているものであっても、子どもの視点から見れば、未知の答えを自分で創ったという点で小さな創造と言えるでしょう。**対話から創造が生まれてくるのが、この授業、そして私たちが実現したいと考える協調学習の醍醐味**です。

そうやって社会的に構成された知識は、もちがよく、使い物になります。なぜなら、子どもたちは対話のなかで、自分たちで問題をつくり出し、それに対する少し変わった考え方や間違った考えもたくさん提案し合って探索・批判・修正し合うからです。その過程を経ることで、答えにたどり着いた際には、単に「答えが何であるか」だけでなく、「どうしてその答えでなくてはいけないか」まで一緒に理解することができるからです。

さて、堀先生の授業に戻ると、この2年間の学びの違いをつくり出したのは、何だったでしょうか？

やはり大きかったのは、生徒たちの共同探究に臨む姿勢というより、授業デザインそのものでした。課題が理解できるものになったからこそ、授業前から不完全でも生徒は解答を構成し、その後の対話も焦点化されたものになりました。

この子どもの学びを引き出した先生の学びもまた、対話から来たということを次節で見てみましょう[6]。

(2) 先生方の授業からの学びの手応え

先生方の授業からの学びは、一つには「授業をこうデザインしたら、子どもがこんなふうに学んだ。だから、次の授業はこうしよう」という気づき、二つにはこの気づきをみんなで蓄積することによる「授業はこうデザインするとよさそう」というデザイン原則、三つには「だから授業をつくるとき・やるときはこんなところに気をつけよう」という授業観に現れると考えられます。

〈注⑥〉ちなみに、堀先生にこの授業の感想アンケートを取っていたかうかがったところ、「ジグソーをはじめて数年は取っていたのですが、いつも『楽しかった』『またやりたい』が多いので、取らなくなりました」とのことでした。手応えの可視化は、何よりも教師自身の判断に役立ち、授業改善に直結するものであるべきでしょう。

①授業研究のサイクル

まず、一点目について考えてみましょう。

「知識構成型ジグソー法」の授業は、研究者がつくるものではなく、先生がつくるものでした。さらに授業をつくったら、後は子どもに任せるという意味で、授業を「やる」ものから「デザインする」ものに変える試みでもありました。

しかし、その問いや教材のつくり方、授業のやり方に唯一無二の正解があるわけではありません。だからこそ、一人ひとりの先生が**資料2**に示したような授業づくりから学ぶサイクル、すなわち授業研究のサイクルを回すことを、私たちは大切にしてきました。

授業者の先生が、授業のねらいとその達成のために子どものどんな力を引き出したいかをはっきりさせて教材をつくります。すると、その先生はこの授業づくりの課題遂行者になりますので、なかなか他の見方が取りづらくなります。そこで、他の先生がモニターとして児童・生徒の立場に立ち、「子どもはこんなふうに課題を受け止め、こう考えて、こんな答えを出しそうですが、それでよいですか？」といった検討をしてくれます。

この協調的な授業デザインによって、より授業のねらいや子どもの実態に合った教材ができるだけでなく、それを通して「授業でこんなことが起きそう／起きるとよい」と

資料2　子どもの力を引き出す授業研究のサイクル（CoREF、2019）

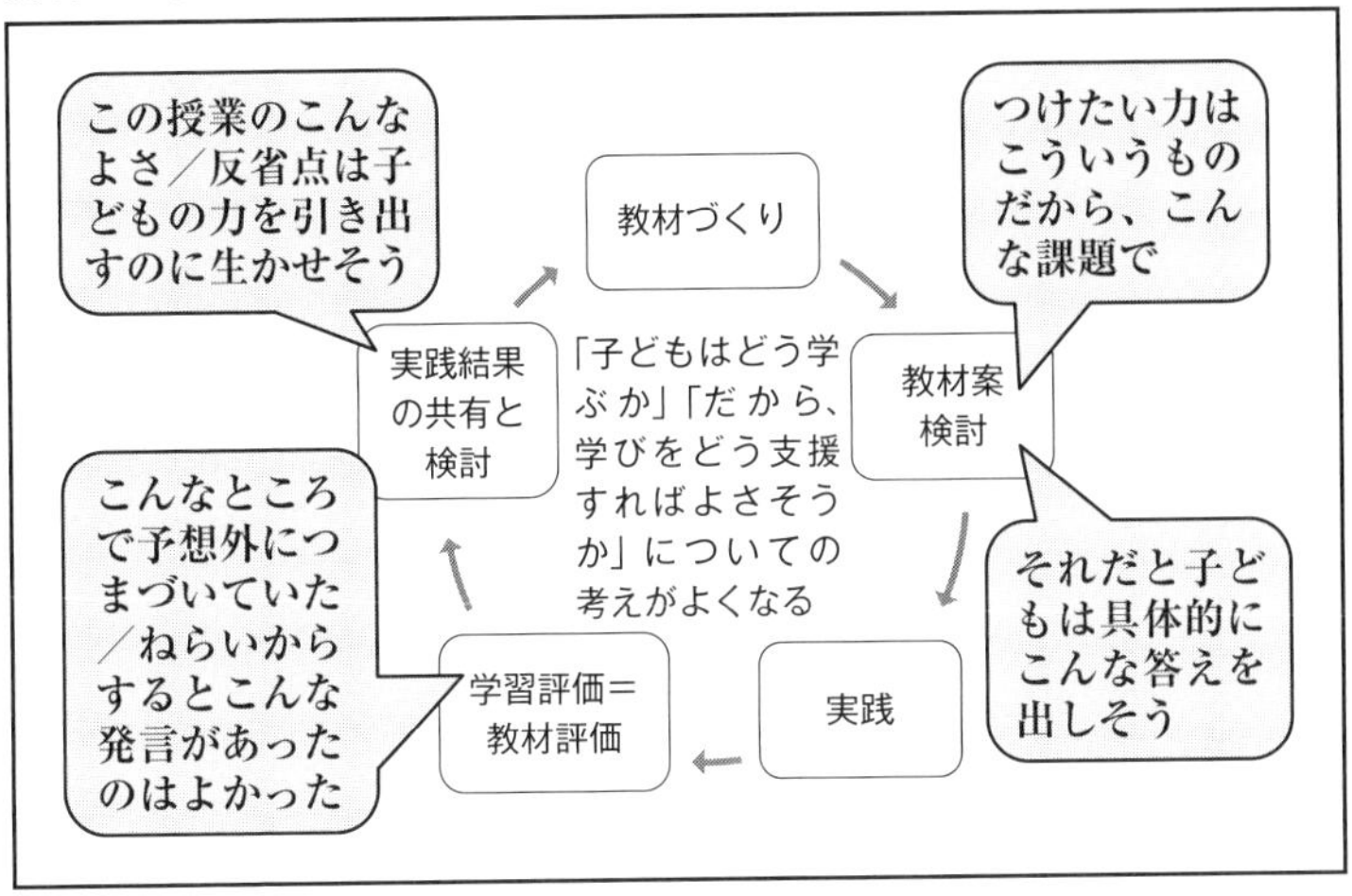

いう仮説がある程度みんなで共有できます。すると、実際授業を実践・見学する際も、見とりの観点がはっきりしていますので、子どもの言動をよく観察し、その結果をねらいや仮説に照らして解釈しやすくなります。

それが、子どもの値踏み・評定としての評価ではなく、学びの評価につながり、引いては今回の授業デザイン（教材）の振り返りにつながります。そのような授業研究は、授業を行った本人だけでなく、周囲の先生にとっても、学びの多い機会になるはずです。

第5・6章で紹介した授業案や振り返りシート、メーリングリスト、情報交換サイト、さらに対面での授業研究会（事前・事後協議、授業観察）は、すべてこのサイクルを回すためのツールでした。

堀先生の授業を例にとると、1年目のメーリングリスト上での授業案検討、研究者も含めた対面での授業研究会、そして振り返りシートの記述までが1回目のサイクルであり、それに基づいた2年目の試みが2回目のサイクルに当たります。授業案と教材・振り返りシートの三点セットは、このサイクルを具現化したものだと言えます。

それにしても、なぜこんな面倒なことをしなくてはいけないのでしょうか?

その理由の一つは、授業の成否にかかわらず、そこから学んで「次はこうしよう」という授業アイデアを得られるからです(そのためには、もちろん事前のねらいや想定の明確化と他人の目が必要になりますし、それらがないと、失敗を失敗と自覚したり、成功と失敗の腑《ふ》分けを行ったりすることもむずかしくなります)。

二つには、それにより一つの授業を超えて、他の授業に使える気づきが得られるからです。気づきは、その授業をめぐる良質な物語(ナラティブ)を生み、デザイン原則につながっていきます。それによって、先生は学び続けることが可能になるのです。

それがどういうことか、ある授業研究会の例でお話しします。

対象は進路多様校の高校地歴授業で、実際の対話が収められたビデオを使って、生徒の学びを見とりました。これに対して、ある班は「会話が活発ではなかった」と総括し、その原因を「資料が読めていない」「人間関係ができていない」ことに求め、「グループ編成を再考したほうがよい」と提案しました。

一方、「知識構成型ジグソー法」授業の実践・見学経験が多い先生の班は、「授業者の二つのねらいの片方は達成できた。もう片方については、活用してほしかった情報が裏面に印刷されていたせいか達成できなかった。わずかなワークシートの特徴で子どもの学びが変わるのであれば、次はすぐ見えるところにこの情報があればよいのでは？」などと提案しました。

検討対象とした生徒たちは、確かに話量の少ない子どもたちでした。しかし、この生徒たちが一朝一夕で急に話せるようになるわけではないでしょう。無い袖は振れないという現実的な制約のなかで、どこを重点的に話し合ってもらうのか。その意味で、後者の班の提案は、実行可能で実効的な解決を見いだそうとするものだったと言えます。同時に、この班の提案のほうが、再度同じ内容で実践したときに、その成果を見とって仮説の妥当性を検証することにつながりやすそうです。

これに対して、「資料が読めない」「人間関係ができていない」といった一般的な結論は検証につながらず、常に同じ批判が使えてしまうという問題があります。どこが具体的に読めないのか、どこでインタラクションが失敗したのか、それらをつぶさに見とる授業研究ができるようになってはじめて、子どもの学びにつながります。

②デザイン原則

それでは、授業研究からどんなデザイン原則が生まれてくるのでしょうか？　そもそも本書で何度も「デザイン原則」ということばに触れてきましたが、それはどんなものなのでしょうか？

1回の授業で得た気づきから次の授業のための仮説が生まれ、それが実際に授業者の先生の授業や、他の先生の他の授業、他の学校・他の単元でもうまくいったとしても、それが「こう教えたらこう学ぶ」という因果関係の決定的な証拠になるわけではありません。しかし、それぞれ異なる複雑な状況下で似たようなことが何度でも起きるのであれば、その仮説は実践者にとっての「頼りになる使える原則」だと言ってよいでしょう。それを私たちは「デザイン原則」と呼んでいます。そして、暫定的でもよいので、毎年実践を振り返っては、デザイン原則を見いだす試みをプロジェクトで行っています。

実際のデザイン原則を、まず埼玉県「未来を拓く『学び』プロジェクト」の高校国語科部会の例で紹介します。

左記のように前半が生徒の学びの事実からの気づきであり、それらを抽象化して傍線部のデザイン原則が提案されています。さらに、その原則を活用すると、エキスパート資料の「足場掛け（スキャフォールド）」をどうすればよいかがわかるという例示がなされています。

いままで現代文の授業と言えば、①漢字の読み書きや語彙把握など基礎知識が定着し、②クローズドエンドな主張の読み取りや要約ができるようになってはじめて、③オープンエンドな著者の主張に対する意見表明ができるようになると考え、そうしてきました。

けれど、「知識構成型ジグソー法」授業をやってみると、実は意見表明のための読み取りであり、読み取りのための基礎知識だという目的が見えたほうが、生徒がよく学ぶ。生徒たちは知識を使っているうちに学ぶ。間違っていた漢字も正しく読めるようになる。

だから、授業をつくる際、③→②→①の順に考え、メイン課題に答えを出すために、どういうジグソー活動をするか、その対話のためにどういう資料を用意するかと考えたほうが生徒の力を引き出しやすくなる。そうすると、エキスパート活動時に大事なところを穴埋めさせるより、太字で強調して見せてしまえばよいなどと判断できるようになる。

ここで提案されている「学ぶときには、その場の活動と将来の目的のつながりが（教え手だけでなく）学び手にも見えているほうがよい」という考えや、「教師が目的としていること自体が学習者の活動目的になる環境が大事」という考えは、日常的認知研究を基にした「機能的学習環境論」と呼ばれるものです⑦。

もうだいぶ古い考えで、右記でデザイン原則を提案した先生方が目にしている可能性は低そうですので、授業づくりのなかから認知科学研究者と同等、あるいはそれ以上の実践的な気づきや原則が編み出されつつあると考えられます。

けれど、上記の原則も実際の授業に適用しようとすると、そのままでは使えません。たとえば何をどう「目的」として設定すると、生徒に理解してもらえるのでしょうか？

それに対してヒントとなる原則も、先生たちはご自身でつくり出していきます。**資料3**に「新しい学びプロジェクト」の小中社会科部会のデザイン原則例を示しました。CoREF のフォーマットにしたがって、上段に具体的な学びの事実やエピソードを集め、それに基づいて下段のデザイン原則を提案するスタイルになっています。

それぞれエキスパート資料の補足や前時までの学習など、異なる内容に関して得られた気づきが、まとめてみると「教材と子どもの実態との距離のバランスを取る」というデザイン原則へと昇華されています。

資料3　「知識構成型ジグソー法」授業のデザイン原則例（小中社会科部会から）

具体的な学びのエピソード　　社会部会　①

資料に対する補足

資料に補足の説明が多すぎると誘導することにつながり、説明が少ないと変な方向に行ってしまう。

前時までの学習内容

深い内容まで学習してしまうと生徒の意見に偏りが出てしまい、少なすぎると必要な知識が足りなくなってしまう。

授業者の意図

授業者の意図が強すぎると子どもからは狭い意見（ねらいどおりの意見）しか出てこない。

これらのエピソードから言えそうな授業デザイン原則

すべてにおいて、“ちょうどよい”バランスが求められる。

これは、教材と子どもの実態との距離のバランス。近すぎても、遠すぎても本時のねらいからズレてしまう。PDCA サイクルに粘り強く取り組むことが必要である。

これまでの教育実践のなかでも、「教材の本当に大事な中核と、子どもは何をわかりたがっているのかという実態を結びつけて考えるのが大事」ということは散々言われてきたかもしれません。それでも、そこに距離があることを認め、そのバランスを取るために授業研究のサイクルに粘り強く取り組むという―ほぼ宣言に聞こえるような―原則は、先生が今後前に進んでいくために役立つでしょう。

なぜなら、この距離に気をつけるよ

〈注⑦〉たとえば第2章で紹介した稲垣・波多野（1989年）や次の著書で読めます。三宅なほみ（1997年）『インターネットの子どもたち』岩波書店うになれば、同じ内容の授業を別の教室や来年行うのに役立つだけでなく、目前の子どもたちの理解の「次」を予測しやすくなり、次時につなげやすくなって、子どもを長い目で育てられるという利点があるからです。

③対話から創造へ

デザイン原則も授業づくりも対話でなされますので、そこから先生方なりの「創造」が生まれてきます。ここでは、教科部会単位での学校を超えた教育実践研究と先生単位での「単元パッケージ」づくりについて紹介します。

先生たちが過去数年間につくったデザイン原則を見ると、教材のつくり方やファシリテーションだけでなく、次の二つが重視されるようになってきていることがわかります。

●子どもの学習プロセスに踏み込んだ実態把握とそれに基づく授業のねらいの見直し
●より長いスパンでの学びのデザインと子どもの成長

この二つの方向性のデザイン原則からどのような創造が生まれてくるか、見ていきましょう。

「未来を拓く『学び』プロジェクト」の地歴公民科[8]では、研究開発員間であってもそのまま使える既存教材は少なく、生徒の実態に合わせたアレンジが必要であることをまずは確認しました。そのうえで開発・アレンジされてきたエキスパート資料を学力上位校・中位校・進路多様校で分けてみたところ、上位校では文章量が多くて事実より概念理解のウェイトが高く、中位校では知識構成の作業を視覚化し理解を深める点に主眼があり、進路多様校では地図やイラスト等を活用して文字ではないまとめも許容するという特徴をつかみました。

そこで、翌年度には授業のねらいは高く掲げて、上位校・中位校・進路多様校でほぼ同じメイン課題にしたまま（例：菅原道真はなぜ大宰府に左遷されねばならなかったのか）、エキスパート資料に漫画を取り入れるなど、生徒のレベルに合わせた複数の教材を開発・実践しました（これ自体が、生徒は資料を「どう読むか」の研究だと言えます）。

生徒の実態に合わせてスキャフォールド（足場）は用意するけれども、メインの課題のレベルを落とさないことが、かえって深い学びを引き起こすことにつながりやすいというデザイン原則と言えるでしょう。

実践してみると、どの学校でも学力レベルにかかわらず、教員がねらう肝をつかめた

〈注⑧〉CoREF（２０１５年）、活動報告書、81〜82頁

とのことでした。

左記が進路多様校で実践した先生の振り返りシートからの抜粋です。

たとえ**学力困難に見える子どもであっても、対話から学ぶ力はあるし、それを使って自ら答えを創り出し、その体験を楽しいと感じられる**ことがうかがえます。さらに大事なことは、**その力を引き出す授業自体が、先生方の対話で生み出されてきた**ということです。


授業前には、大多数が無回答であり、答えられたとしても「菅原道真が使えなかったから」という見当違いの答えを書いていた。授業後に答えられたことは、「期待する解答の要素」と比べると、おおむね満足できるものであった。…

資料の難易度に対する時間の短さにもかかわらず、生徒はよく活動してくれてクロストークとまとめまで行き着くことができた。さらに、クロストークの内容も素晴らしく、因果関係を正確に捉えたうえで全部の資料の内容を盛り込むことができていた。…

普段の授業では気だるそうにしている男子生徒が、「日本史ってこんなにおもしろかったっけ？」と言いながら活動に取り組んでいた。この男子生徒は、自分がつまらないと感じる授業に対しては無難な感想を一行だけ書いて終わらせる、という生徒である。しかし、今回の授業では今までに見たことのないような生き生きとした表情で活動し、感想も枠の中一杯に記入していた。…

昨年度から今年度にかけて5回ほどジグソー法の授業をやってきた生徒ではあるが、今回の授業の取組は今までで一番よかった。あるクラスでは全員が楽しそうに自分の考えを語り、議論し、わからない部分は教え合っていた。

この授業をされた白井聡子先生が同じ生徒対象に「5回やってきた」というのに見るように、「知識構成型ジグソー法」授業の繰り返しには、授業のやり方そのものへの慣れや対話から学ぶ力を何度も使うことによる定着が期待できます（だからと言って、「練習」をしないとこの授業ができない、というわけでは決してありません）。

さらに、それは単元や学期、学年という長いスパンでの理解深化や「使える知識」の構成にも役立ちます。たとえば、「本時ではここにつまずき、こんな悩みが生じるはずなので、次時にこの課題に取り組むとよさそう」とか「子どもたちがここまで考えたうえでこの説明を聞けば納得できるはず」といった、より広い視点での学びのデザインが可能になるからです。

実際、プロジェクトに携わるベテランの先生方を中心に、単元あるいは、単元をまたがる体系的な学びのレベルで子どもの「主体的・対話的で深い学び」の過程を想定した教材が生まれつつあります。

たとえば、中学校理科の原田優次先生（広島県安芸太田町立加計中学校・当時）は、「イオン」や「天体」「力学入門」といった単元を複数回のジグソー授業で学ぶ教材をつくっていますし、高校数学の白石紳一先生（埼玉県立鳩ケ谷高等学校・当時）は、「対数関数（数学Ⅱ）・微分積分（数学Ⅲ）」や、「場合の数・順列組合せ・確率」「2次関数・集合と命題」といった、複数の単元にまたがるテーマについてジグソー授業と一斉講義の組み合わせを提案しています。

「知識構成型ジグソー法」の授業づくりは、基本的に1コマの授業づくりを対象にするものですが、その繰り返しのなかから、自発的に先生自身の「ビジョン」にしたがって単元や単元をまたがる教材全部という「パッケージ」をつくり出していく例が生まれはじめていると言えます（第6章参照）。

次の課題は、これを一部の先生と生徒の組み合わせの取組にとどめずに、知見を広く他の先生も活用できる仕組みをつくっていくことでしょう。対話から生まれた創造が、また次の新しいレベルでの対話を可能にするのです。

資料4　「知識構成型ジグソー法」授業等を行う際に意識しているポイント

優先的に意識する項目	知識構成型ジグソー法			主体的・対話的学び全般		
	高頻度（n＝61）	低頻度（n＝56）	差	高頻度（n＝55）	低頻度（n＝62）	差
具体的な児童生徒の解答を想定しながら教材を見直す	70.5%	50.0%	20.5%	65.5%	56.5%	9.0%
教科のねらいやつけたい資質・能力を意識して課題を設定する	59.0%	46.4%	12.6%	61.8%	45.2%	16.7%
児童生徒が課題や活動の流れをきちんと把握できるようにする	27.9%	12.5%	15.4%	14.5%	25.8%	-11.3%
指導方法を工夫する（例：ジグソー法のアレンジや他の指導法との融合など）	24.6%	32.1%	-7.6%	32.7%	24.2%	8.5%
児童生徒が話しやすいグルーピングを心がける	16.4%	39.3%	-22.9%	21.8%	32.3%	-10.4%
設定した授業時間内に一連の学習活動が収まるように内容や時間を調整する	8.2%	25.0%	-16.8%	9.1%	22.6%	22.6%

④授業観の変容

それでは、毎年の授業づくりやデザイン原則づくりに参加する先生方の意識は、どう変わってきているのでしょうか？

おもしろいアンケート結果があります。

これは2019年度に「新しい学びプロジェクト」の研究推進員やサポートメンバーの先生に、「知識構成型ジグソー法」を用いて研究授業を行う際に、特に意識しているポイントを17項目から最大5項目選択してもらったものです[⑨]。いわば、先生方の授業に関する優先順位がわかるわけです（回答者数は117名）。

その結果を回答者の「知識構成型ジグソー法」授業の実施頻度で分けてみました（資料4）。

〈注⑨〉項目の詳細についてはCoREF（2020年）『自治体との連携による協調学習の授業づくりプロジェクト協調が生む学びの多様性第10集（令和元年度報告書）』東京大学CoREFユニット、23～24頁研究推進員の先生方だと、1年間平均6教材程度を作成することが多いのですが（学級が複数ある場合は同じ教材を使いまわすので授業回数はもっと多くなります）、サポートメンバーの先生も合わせると、全体の平均は3教材程度の開発になります。

そこで、1年3教材以上の開発を「高頻度」（n＝61）、それ未満を「低頻度」（n＝56）と分類しました。また、「知識構成型ジグソー法」にかかわらず、子どもが主体的・対話的に学ぶ場面を取り入れた授業の実施頻度について、「ほぼ毎時間」または「半分以上」の授業で実施しているという回答者を「高頻度」（n＝55）、「月に数回程度」以下を「低頻度」（n＝62）と分類しました。また、各カテゴリ内の「高頻度」実施者の回答割合から「低頻度」実施者の回答割合を引いた差を「差」の項目で示しました。

どちらのカテゴリでも、「具体的な児童生徒の解答を想定しながら教材を見直す」や、「教科のねらいやつけたい資質・能力を意識して課題を設定する」が多く選択されており、特に「知識構成型ジグソー法」授業の高頻度群が「児童生徒の想定」を意識していることが見てとれます。

逆に、どちらのカテゴリでも「児童生徒が話しやすいグルーピングを心がける」「設定した授業時間内に一連の学習活動が収まるように内容や時間を調整する」については、「高頻度」群のほうが「低頻度」群よりも少なくしか選択していません。

この傾向は、「知識構成型ジグソー法」のカテゴリで顕著ですので、学習者中心型の授業を重ねることでグルーピングや時間配分について意識しなくてすむようになること、つまり、**「どんな相手とだって、子どもは学び合える」「エキスパート活動の時間が多少不足しても、後で資料をわかり直せる」**などと思えるようになることが示唆されています。

2つのカテゴリ間で「高頻度」「低頻度」の差が大きく逆転した項目もありました。「児童生徒が課題や活動の流れをきちんと把握できるようにする」は、「知識構成型ジグソー法」授業の高頻度群が低頻度群より多く選択し、「主体的・対話的な学び」の高頻度群は低頻度群より少なく選択しました。一方で、「指導方法を工夫する（例：ジグソー法のアレンジや他の指導法との融合など）」は、「主体的・対話的な学び」の高頻度群が低頻度群より多く、「知識構成型ジグソー法」授業の高頻度群は低頻度群より少なく選択しました。

つまり、「アクティブ・ラーニング型」の授業に幅広く取り組む先生方が指導方法の工夫に着目する傾向があるのに対し、「知識構成型ジグソー法」に取り組む先生方は、実践を重ねることで、子どもの課題や活動指示の受け取りに、より心を砕くようになる傾向があると言えます。

以上の結果は、主観的かつ断片的なアンケート調査に基づくものでしかありませんが、協調学習の授業づくりに腰を据えて取り組むことが、グルーピングや指導方法といった「形」を超えて、児童・生徒の深い学びの実現を第一に考える授業観の涵養につながっている傾向が見てとれます。

2　真の課題—学習観のコペルニクス的転換に向けて

児童・生徒が対話しながら問題を解いた先に次の新しい問いを見つけ、その授業をデザインする先生も授業づくりという課題を解く先に新しい試みを見つける—そんな成果を踏まえて、私たち研究者は教育行政関係者とともに、次にどんな課題を見据えているかを論じていきたいと思います。

その課題を一言で言えば、私たちは本当に学習者観と学習観を変えていくことができるのか、ということに尽きます。「教えないとできない学習者」に「教えすぎていた授業」をしていたところから、「状況次第で能力を発揮できる学習者」に「その潜在力を最大限引き出す授業」をするところに変わってきているでしょうか?

それを学習指導要領や高大接続改革、テクノロジーの教育利用に対する人々の反応から考え、次の課題をはっきりさせていきましょう。

(1) 混乱を超えて

世はVUCA―不安定（Volatile）・不確実（Uncertain）・複雑（Complex）・曖昧（Ambiguous）―な時代と言われます。進歩した人工知能（AI：Artificial Intelligence）をどう使うか、感染症の世界的蔓延や政治経済へのインパクトをどう制御するかといった問題に見られるように、VUCAな社会では、課題に対する部分解しか存在しないことが多いのです。そのため、既存の知識を組み合わせて解を創出し、ゴールに近づいたらゴール自体を見直して前進する「21世紀型スキル」と呼ばれるような資質・能力の育成と評価が求められています[⑩]。

しかし、これらの資質・能力の評価は、ゴールが可変で、変わり続けるものを対象にするため、形成的評価が必要な点―総括的評価があまり意味をなさない点―がむずかしいのです。それゆえ、正解を出して終わりになる「後ろ向きな学びのゴールと総括的評価に

〈注⑩〉いつの時代でも部分解しかない課題は山積していましたし、その「課題山積社会」自体も私たちが創っているものですから、結局、問題は私たち自身がどうしていきたいかということに尽きるのでしょう。それで変革への希求と保守が拮抗するのです。ただし、一人ひとりが変わっていかなくてはいけないというニーズとシーズは随分大きくなってきているように感じます。たとえば、ユヴァル・ノア・ハラリ（2018/2019）「21 Lessons：21世紀の人類のための21の思考」河出書房新社やP．グリフィン、B．マクゴー、E．ケア編（2012年）「21世紀型スキル」北大路書房など。

よる序列化」という学習・評価観から、正解の先を問うなど到達が次のゴールを生む「前向きな学びのゴールと形成的評価による教育改善」という学習・評価観への刷新と支援が求められています。

今回の学習指導要領改訂や高大接続改革も知識創造を目指し、主体的・対話的で深い学び（いわゆる「アクティブ・ラーニング」）の視点に基づく授業改善を重視するなど、教育と評価の刷新をねらっていると言えます。それが、現状は入試等の一回性のテストがボトルネックとなって、テストから逆算して対策を行う後ろ向きな教育が主となっている、という問題があります。

しかし、問題は単に思考力・表現力・判断力等や学びに向かう力・人間性など、資質・能力の三つの柱を一体的に育てる教育が、知識・技能のみを主とした入試で阻害されているということにとどまりません。それらを「三要素」に分割して捉え、まずは知識・技能が身についてから思考力等を育成できると考える学習観や、思考力すらも「下位スキルに分割しトレーニングできる」と考える学習観が根強い点にも問題があります。

これは相当根深い問題で、ジョン・デューイは、いまから１００年以上も前に次のように述べています。[11]

技能の習得と知識の獲得と思考の訓練というような様々な目的に教授を分割することは、うまくいかない教授の代名詞である。…教授や学習の方法の永続的改善への唯一の正攻法は、思考を必要とし、助長し、試すような状況に中心を置くことにある。

目標を小分けに割って、一つひとつ征服していくという問題解決のアプローチと、学びに対する表層的イメージが合体すると、どうしてもこうした教え方になってしまうのでしょう。[12] 加えて、小分けにして「形」を示せば、思考も訓練でき、訓練されたその姿で評価できると錯覚してしまいます。後ろ向きな学習観は、どこにでも姿を変えて現れます。それが「活動あって学びなし」という形だけのアクティブ・ラーニングの蔓延につながります。

子どもたちが熱心に話し合っているように見えても、実は何について話し合えばよいのかをわかっていない授業、積極的に立ち歩いて問題を解いているように見えても単に当て物的に正解を探している授業、こうした授業を繰り返していくと、子どもはグルー

〈注⑪〉デューイ．J．著／松野安男監訳『民主主義と教育』岩波書店、1916年／1975年、242〜243頁
〈注⑫〉「知識・技能をAIドリルで、空いた時間で学習意欲や思考力等が身につくプロジェクト学習を」という発想もこの変形です。問題はプロジェクト学習の質と、そこに知識・技能をいかに融合できるかにかかっています。

プ学習を嫌いになるか、その場をやり過ごす力を身につけるだけになるでしょう。

ここに最先端のテクノロジーが加わると、「形だけ」の評価がより強化されてしまうので、しゃべっていないグループや子どもがいたらすぐ介入したり、次の授業では何とか話し合えるようにグループ編成を最適化したりすることになります。

それに対して、私たちが期待したいのは、黙って仲間の話を聞いているだけで「外形的」には学んでいないように見えても、一生懸命その内容をモニタリングしながら学びを深めている児童・生徒の存在ではないでしょうか。

私たちがやりたいのは、その**沈黙の向こうの彼・彼女の声や考えを聞き取る**ことではないでしょうか。せっかくの先端技術も、私たちの発想が古いままでは宝の持ち腐れになってしまいます。

(2) 学習者観・学習観の転換に向けて

まずはすべての子どもが主体になって自ら考え、考え方のスタイルは一つに強制されずに考えを深める授業をしっかり行うべきではないでしょうか。そのためには発想をどう変えるべきなのでしょうか？

混乱のおおもとをたどっていくと、教育現場の根本的な課題は、学習者観・学習観を変え切っていない、というところにありそうです。

実際、この転換はなかなかむずかしいようです。たとえば、いまから30年以上も前の、その名もまさに『人はいかに学ぶか[13]』という古典的名著の最終章にも「学習観のコペルニクス的転換」という表現がありました。

教育の刷新には、従来の教え込みによる無能で受動的な学習者像から、日常生活における有能で能動的な学習者像に転換できることが大事だと訴えたものです。その転換のために、次のような具体的提言もされています（稲垣・波多野先生版の「デザイン原則」と言えるでしょう）。

- まちがうことを尊重する
- 探求することを奨励する
- 子ども同士のやりとりをうながす
- 媒介物による日常生活化

〈注⑬〉稲垣佳世子・波多野誼余夫『人はいかに学ぶか』中公新書、1989年

資料5　学習者観・学習観の「天動説」（左）と「地動説」（右）

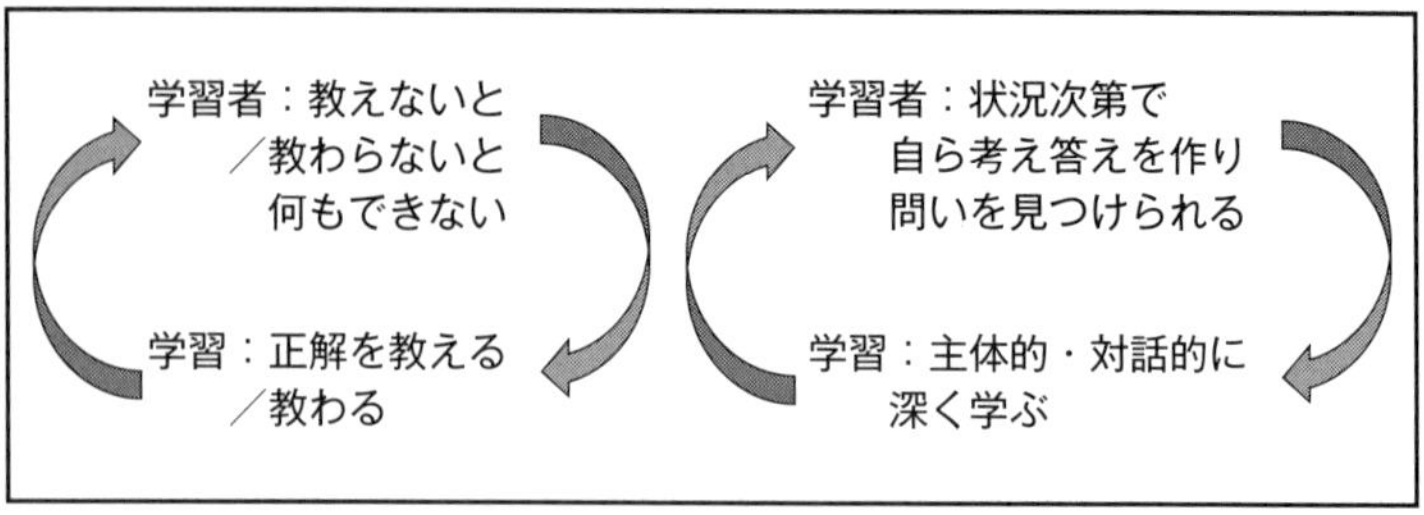
学習者：教えないと
／教わらないと
何もできない
学習：正解を教える
／教わる
学習者：状況次第で
自ら考え答えを作り
問いを見つけられる
学習：主体的・対話的に
深く学ぶ

●教師も答えのわからない問題に取り組む
●（そのための）教育的創造力の重要性

しかし、それにもかかわらず、30年たってもこの本が古びないのは、学習観の転換がちょうど天動説と地動説のように180度違った学び手や学びの見方を要請するからでしょう。私なりにその転換を表現し直してみると、**資料5**のようになります。

はたして教師は、学習者を「正解を与えないと何もできない存在」と見て、「正解を教えすぎる授業」をしていたところから、学習者を「状況次第で自ら学ぶ力を発揮する存在」と見て、その潜在力を引き出す状況をデザインしようとするところに変わってきているのでしょうか。

学習者は、学習のプロセスを「教わらないと何もできない」けれど「正解がわかればおしまい」と考えているところから、「教わらなくても問題の糸口は見える」し、「ある程度納得できる答えが見えてきたら、そこから次の学びがはじまる」と考えるところに変わってきているのでしょうか。

この学びの天動説と地動説の間には、もう一つの大きな違いがあります。天動説が、能力は個人に内在すると考えるのに対して、地動説は「状況次第で人の能力が違って見える」と考えるところです[14]。言わば、天動説は先生が不動の観測点（地球）にいて、さまざまな能力の違う子どもが動く（変化する）と見るのに対して、地動説は先生自身が動いて状況を変えることで、同じ子どもも違って見えてくるということです。

ここで、いかにもありそうな三つの例で考えてみましょう。

まず「教室にはできる子とできない子がいる」という見え方は、子どもに内在する能力差によるのではなく、断片的な知識の暗記を求める状況や、子どもにとってよくわからない課題の解決を求める状況によって、生み出されているのではないかと見えてきます。

〈注⑭〉こうした考えを「状況論」と言います。それをもとにした学習科学実践（例：第6章のジャスパー）からは〝No ceiling, no floor〟（誰でもどこまでも学べる）というスローガンも生まれました。

「知識構成型ジグソー法」授業によって、今まで「できる／できない」と分けていた子どもたちがシャッフルされ、みんな自分で考えているという状況が出現すれば、「普段の子どもの見え方」自体を、教え手側がつくり出していたことに気づけるでしょう。

次に「『知識構成型ジグソー法』授業は、できる場面とできない場面とがある」という見え方は、「ここは教えないと何もできないところだから」という見方に縛られている可能性があります。

子どもが「知らない」のが事実だとしても、「『知らない』から『何もわからない、できない』」と考える必要はありません。単元の冒頭でも、子どもが何か知っている・わかることはないかを先生が掘り起こして「知識構成型ジグソー法」授業をやってみると、後の授業に役立ったというケースが多々あります。そんな体験が積めると、先生の授業づくりが変わり、子どもたちに未知に挑む習慣がついてくる可能性があります。

最後に挙げるのが多様性です。

天動説に従うと、子どもの違いはどうしても序列化の対象に見えます。早く覚えて正解することが唯一の物差しになりがちだからです。これに対して、どんな子どもにも自分で考える力があると仮定すれば、その多様性は「その子なりの考える力の発揮の仕方」に見えてきます。そうなると、「知識構成型ジグソー法」授業でも、その子なりの考え方や仲間とのかかわり方を大切にしたデザインやファシリテーションになってくるでしょう。それは、一人ひとりが自分なりの考え方や対話の仕方を「社会を生き抜く力」につなげていく助けになる可能性があります。

このように、**学習者や学習に対する見方の転換は、これまで教室で見ていた現象の見直しと先生の次の一手に影響し、子どもの成長につながっていくことで、結果的にもっと見方を変えやすくなる**ことに貢献します。

30年前の『人はいかに学ぶか』や、当時のビジョン提示アプローチから私たちが少しだけ進んだ点を挙げるとすれば、子どもが状況次第で有能になれるという仮説に基づいて、その実践事実を蓄積してきたところにあります。

その観点からCoREFの取組を見直すと、**授業研究は「どのような状況が子どもの学ぶ力を引き出すか」というケースの積み重ねであり、デザイン原則はその「学ぶ力の引き出し方」の抽象化**だと捉え直すことができます。そして、**そのケースの積み重ねと抽象化を学びにかかわる人すべてが主体的にできるようにしよう、というのが実践学だと**言えます。

いまこそ、これらたくさん積み重ねてきた実践事実をまとめて、「子どもも大人もみんな学ぶ力をもつ」ということを体系的に説明する段階―コペルニクス的転換を完遂していく段階―へと私たちは入っていけると感じています。
この説明が根幹を担う実践学は、複雑で多様な状況を乗り越えて、「どのような学習状況のデザインがどういう学習を引き出すはずか」という堅固な理学的視点と、目の前の児童・生徒に合わせて、それを柔軟に適用する工学的な視点とを兼ね備えたものでなくてはなりません。

3 対話を聴く―実践学のためのテクノロジーとコミュニティ

では、学習者観・学習観の転換のために、何ができるとよさそうでしょうか？大事なのは、活動を越えてその向こうの子どもの学びを見とることです。しかし、子どもの頭や心のなかで起きていること（認知過程）は見えませんので、外から見えるもの・聞こえることを見とるしかありません。

その一つとして「対話を聴く」ということを提案したいと思います。

三宅（２０１４年）は、次のように述べています[15]。


私たちがこういう授業をやろうという時、最初に何が問題だったか、ちょっと振り返ってみます。「うちの生徒がこんな授業をやるか？」「自分で考えていけるか？」「一人ひとりが考えるのって、発達段階って習ったけど一体いくつぐらいで出来るんだっけ。高校生にならら出来るかな」「トップ進学校なら出来るかも」、いろいろ不安がありました。

なぜ私たちはそう思ってしまうのか。すごく乱暴な仮説ですが、私たちって、教室の中で子ども一人ひとりが何を考えているのかをきちんと聞いたことが案外少ないのではないか。その声を聞きながら、この人こういうふうに考えるのね、じゃあそれに合わせて次の授業を、集団の強みを生かせる授業を考えましょう、でやってみたらあぁこうなるのね、という経験がすごく少ないのではないか。なら、そこからまじめに出直そう。

子どもが考えながら話しているときの声をできるだけ丁寧に聴く試みがはじまっています。そのための準備と聴き方の支援を紹介します。

〈注⑮〉CoREF（2014年）『自治体との連携による協調学習の授業づくりプロジェクト協調が生む学びの多様性第4集（平成25年度報告書）』東京大学大学発教育支援コンソーシアム推進機構、148頁

資料6　仮説検証型授業研究（CoREF、2019年[16]）

授業観察前	・今日の授業で起こる児童生徒の学習プロセスについての授業者の具体的な想定（仮説）を参観者に共有
授業観察中	・想定と実際の学習プロセス（発話や記述等）を比べながら観察
	・なぜ想定どおり／想定外のことが起こっているのかを考察
事後協議	・授業者の想定と学びの事実とを比較して見えてきたことを共有
	・想定と実態のズレを基に、学習プロセスと支援についての仮説を見直し

(1) 対話を聴く準備：仮説検証型授業研究と見とりの観点シート

CoREFでは最近、子どもの学びを具体的に想定しながら授業をデザインし、想定と比べながら子どもの学びを丁寧に見とり、次の授業づくりに活かしていく「仮説検証型授業研究」を提案しています（資料6）。

研究授業の際、いきなり見学に入るのではなく、事前に教材に目を通し（できれば自分でも解いてみてから）どんな学びが起きそうかについての授業者の想定を共有します。

授業中は一つの班に張りついて、子どもの学びを見届けます。事後協議では、授業者の自評からはじめず、それぞれの班で見えた子どもの学びに関する事実や想定とのズレを報告し合い、それに基づいて支援（打ち手）を検討します。授業者の自評は、その後です。

このスタイルの授業研究に参加した先生からは、次の感想をもらいました。

私は先生へのダメ出しや「子どものここが悪い」というのを言

い合う事後協議が苦手だったのですが、今年この授業研を2回やってみたおかげで、みんなで子どもの周りにぎゅっと固まることができた気がします。

体験こみで学びを事前に想定し、事後に事実ベースで語ることを徹底することで、子どもの声が少し聴きやすくなるのだと考えられます。

さらに、子どもの学びを見とりやすくするには、授業のねらいや子どもたちに伸ばしたい資質・能力は何で、それが今日の授業のなかでは具体的にどのような形で発揮されそうかまで明確にしておくとよさそうです。

そのために、2018年度から「授業研究のための見とりの観点シート」も開発しました。次頁の**資料7**は、第3章で紹介した小学校算数「サーキット」の授業を例に、萩原先生が作成したものです。

たとえば、「多面的・批判的思考力」を育成したいというとき、それを抽象論にせずに子どもの姿としてどう実現されそうかを想定します。

〈注⑯〉CoREF（2019年）『自治体との連携による協調学習の授業づくりプロジェクト協調が生む学びの多様性第9集（平成30年度報告書）』東京大学 CoREF ユニット、168～180頁

資料7　授業研究のための見とりの観点シート（CoREF、2019年：一部抜粋）[17]

本時特に育成したい資質・能力	この授業の中で期待する資質・能力の発揮のされ方	資質・能力が発揮された姿の具体例（発言など）
数学的リテラシー	実生活の事象を数学的に捉え、算数・数学の知識・技能を活用する。	「車は速かったり遅かったりするけぇ、それがグラフになっとるんじゃね。」 「これをみたら、どんなコースを走っているかわかるんかな。」
多面的・批判的思考力	問題の解き方や結論を異なる観点から多面的に捉えなおし、誤りや矛盾がないか批判的に考察する。 複数の選択肢の中から、条件に合わないものを消去法で選ぶ。	「グラフで遅うなっとるところがカーブじゃけぇ、カーブは3つあるってことじゃ。じゃったら、AとEはちがうね。」 「BCDはカーブが3つじゃろ。形は似とるけど、ちょっとずつ違うんじゃないん？」 「（グラフをみて）スピードが遅うなっとるところの速さは同じじゃないみたいじゃね。一番遅いところは、カーブがどうなっとるん？」 「急なカーブってことじゃろ」「そしたら、カーブの急なところとスピードが一番遅うなっとる所を探せばええんじゃろ。」
粘り強さ （レジリエンス）	数理的に処理したことを振り返り、検討し、よりよいものを求めて粘り強く考える。	「正解はコース○じゃろ」「それでほんまにええんかねぇ。」 「先生は、グラフを根拠に指し示しながら説明できるようにしんさいといいよったけぇ、ちゃんと説明できるかやってみようやぁ。」

具体的には、その力が学習のなかで発揮されるパフォーマンスとして「問題の解き方や答えを異なる観点から多面的に捉え直し、誤りや矛盾がないか批判的に考察する」と想定したとします。

すると、「（コースの）BCDはカーブが3つじゃろ。形は似とるけど、ちょっとずつ違うんじゃないん？」ということばまで想定できます。そこまで具体に落としておけると、教室で対話を聴きながら、「確かにこの姿は見られた」「これは見られなかった」などと丁寧に見とることができます。

仮説検証型授業研究と見とりの観点シートは、二つ合わせて、本章**資料2**の授業研究のサイクルをより充実させるためのものです。それが子どもの声を聴く準備になります。

(2) 対話を聴くためのテクノロジー：学瞰システムと学譜システム

そうは言っても、クラスには同時に10以上のグループができることがあります。その全部の対話を授業者の先生が聞くことはできません。参観者の先生がグループごとに張りついていても、つぶやきが聞こえなかったり、物理的に聞こえても認知的に聞き逃してしまったりすることがあるでしょう。

そこで、CoREFでは、2013年度からクラス全員の児童・生徒にICレコーダーを渡し、提供してくれる子どもの発話は書き起こす試みをやってきました[18]。いまは学術的な研究費と企業の協力[19]を得て、一人ひとりの発話を機械で自動認識して書き起こし、対話を見えるようにした「学瞰（学びの俯瞰）システム」を開発しています（次頁の**資料8**）。

画面は、学瞰システム中の対話分析支援ツール（Conversation Analyzer Ver. 3.0）を示

〈注⑰〉注⑯と同じ。79頁

〈注⑱〉白水始・齊藤萌木（2015）「三宅なほみ研究史―すぐ、そこにある夢―」認知科学22(4)、492～503頁にあるように三宅氏の夢でもありました。

〈注⑲〉科学研究費助成事業（基盤研究(S)）「評価の刷新―学習科学による授業モニタリングシステムの開発と社会実装―」（代表者白水始、2017～2021年度）及び日本アイ・ビー・エム株式会社。参考：https://www.ibm.com/blogs/client-voices/how-ai-is-helping-transform-education-in-japan/

資料８　学瞰システム（CoREF、2018年[20]）

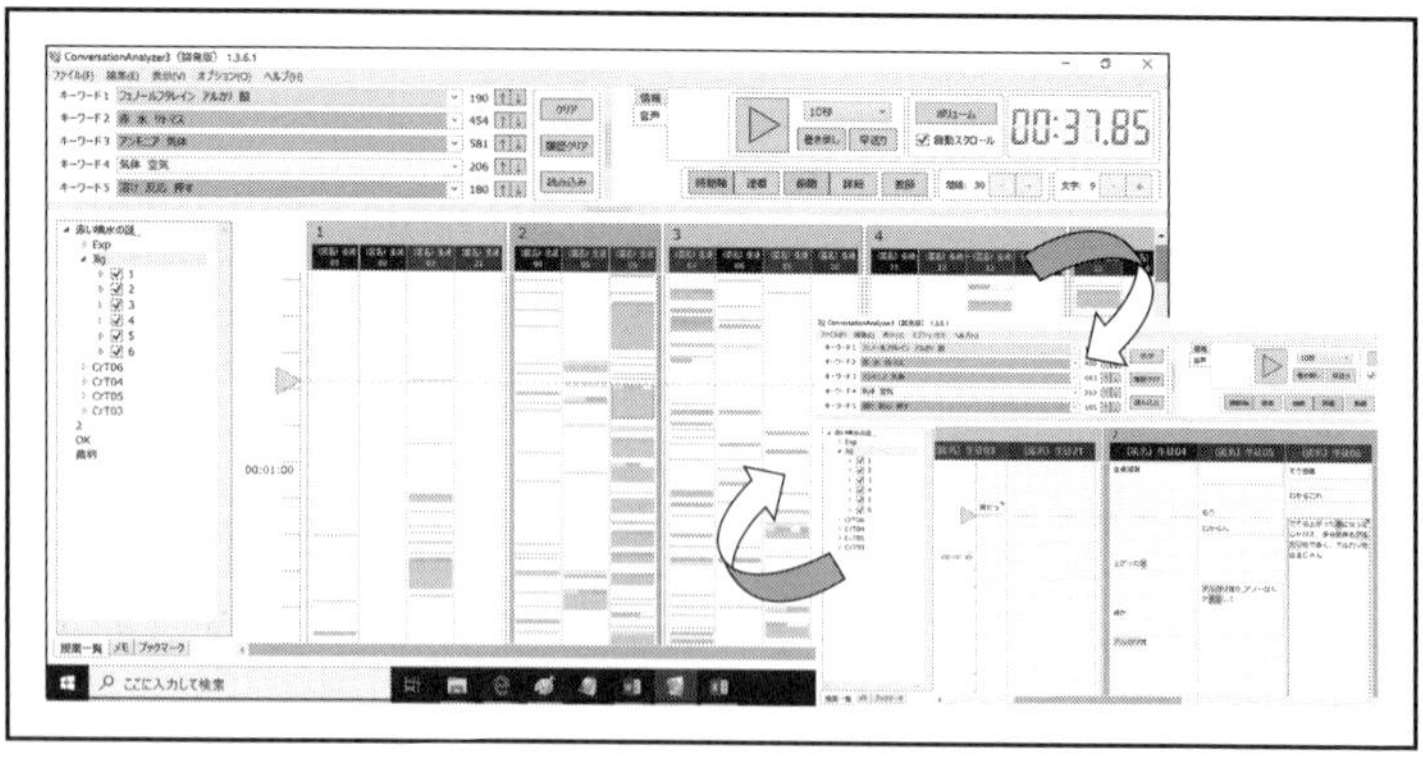

しています。俯瞰画面は一行が一発話、一列が一話者、囲いがグループを表し、誰がどの順でどれくらい話しているかという対話の流れが時間とともに見えます。

キーワードを入力すると、ヒットした発言に色がつき、登場回数も数えられますので、たとえばそれぞれのエキスパート資料の専門用語やどの資料にもない重要語をどの程度話していたかについてグループをまたいで一覧することができます。

キーワードは、内容に関するものだけでなく、「なんで？」「どういうこと？」なども検索できますので、学習者の役割分担・交代など社会的なインタラクションも分析できます。案外、内容語は話していない児童・生徒が、上手な聞き役の役割を果たしているときもあります。

発言の内容を詳しく知りたいときには、ダブルクリックすると、右下に示した詳細画面に遷移します。

テキストに子どもの音声がついているので、対話を聞きながら読み、読みながら聞くことができます。

テキストは、機械で認識しているため、100%正確ではありませんが、先生方はたとえ「シアノバクテリア」が「ロシアのバクテリア」と起こされていても、「私たち意味がわかっているので」と言いながら使います。

実際に学瞰システムを授業研究に活用してみると、テキストと一緒に「声が聞こえる」というのが強力で（いわば字幕付ＩＣレコーダーとして）、先生方にいろんな気づきを生みました。

授業の1時間後には協議に使えるスピードで処理できますので、まずはシステムなしで子どもの学びを振り返ってから（**資料6**参照）、システムで実際の発話を聞いてみると、聞きもらしていた一言に気づいて対話全体の印象が変わり、子どもの学ぶ力を見直すことがありました。あるいは、子どもたちの活動の時間配分から、その力を活かし損なっ

〈注⑳〉初期バージョンは以下で発表。Shirouzu. H., Saito, M., Iikubo, S., Nakayama, T.& Hori, K. (2018) 〝Renovating Assessment for the Future: Design-Based Implementation Research for a Learning-in-Class Monitoring System Based on the Learning Sciences〟 Kay, J. and Luckin, R. (Eds.) Rethinking Learning in the Digital Age: Making the Learning Sciences Count(ICLS 2018), Volume 3. London, UK: ISLS, 1807-1814.

ていたことに気づいて次の授業に使えるヒントも得られました。

その反面、児童・生徒が発言していそうなキーワードを入れるのがむずかしく、システムが先生の想定を試す役割を果たすことも見えてきました。資料中の専門用語を児童・生徒がどう言い換えたり結びつけたりするのか―こうした想像を豊かにめぐらせるには、事前のメーリングリスト上の協議や事前協議が欠かせません。単にシステムがあれば解決するものではありません。

なお、学瞰システムは、一人ひとりの授業前後記述も収集・蓄積でき、授業をまたいで、子どもの学びを追えるようになっています。そのデータを子どもに戻せば、「あそこで、あいつがああ言ってくれたのが、考えを変えるのに役立った」とか、「何度も同じことばを言っているのに、数回言ってはじめてわかった気になるんだな」といった対話の重要性や特徴の気づきにも役立つでしょう。

また、たくさんの発話データを集めて、一人ひとりの授業前後の学習成果の伸びと話量の相関関係を調べると、それほど相関がないことも見えてきます。

さて、対話データを見る側の視点や仮説を明確にしておくことが重要だとすれば、「新しい学びプロジェクト」で使っているメーリングリストも、単に日々の授業案検討に使うだけでなく、それを蓄積し、授業づくりのプロセスと教材、振り返りを結びつけたものとして価値づけ直せるとよさそうです。

そこでCoREFでは、「学譜（学びの譜面）システム」を開発しました[21]。システムは、メーリングリストにメールを投稿すると、それが自動的に蓄積される仕組みになっており、「トピックページ」にメールとその添付ファイルが時系列順で表示され、類似するトピックが推奨されます。「開発教材ページ」では、約2500の「知識構成型ジグソー法」授業教材が一覧でき、教材をめぐるトピックページ上の議論がリンクされています。そこから、他の先生の過去教材を、その先生が振り返りシートで挙げた改善点に基づいて修正し、アレンジ版として実践するケースも出てきています。

印象的なエピソードがあります。

学譜システムをはじめてベテランの先生に使ってもらったとき、先生方は高確率でご自身の過去の教材やメーリングリストへの投稿を検索しました。一人の先生が7年前に書いたコメントを読み直しながら「恥ずかしいわ」と発言しました。すると、隣の同じく古くからの参加教員は「私は1年前のコメントだって恥ずかしい」と返しました。

先生自身の子どもの学びに関するデザインや見とりの評価基準が高まると、自然に

〈注㉑〉白水始、伴峰生、辻真吾、飯窪真也、齊藤萌木（2019年）「協調学習の授業づくり支援のための「学譜システム」開発」『情報処理学会論文誌』60、1201～1211頁

「いまの自分ならもっと違うことが言える」と感じられるものなのでしょう。筆者個人は、こうした自己評価こそ評価の肝ではないかと思います。

(3) 学びの「輪」を創る：実践学のコミュニティ

私たちにとって、ＩＣＴもＡＩも児童・生徒の学習過程の洞察と授業改善のサイクルに埋め込んでこそ意味があります。

ＡＩが自動的に学びの分析をするのではなく、人の学びの見とりを支援するＩＡ（Intelligence Amplifier：知力増強器）になってほしい。だから、学瞰システムのキーワードを自動で機械が決めるのではなく、ユーザが入れて結果を見て学ぶ機会にしたい。ベテランの見とりを初心者の先生にリコメンドとして渡すことで、機械を介して授業研究のサイクルが回り続けることを期待したい、そう考えるのです。

初任の先生が対話をデザインし、その対話を一人の児童・生徒でもよいので全部追って、次の授業のデザインにつなげるという「対話を聴く」経験を積めれば、それは教師の成長をスピードアップするだろうと思います。

こうした授業研究のサイクルを対話で回したいというねらいから、自治体の方で新しいシステムの使い方が提案されることもあります[22]。

広島県安芸太田町は、二見吉康教育長の発案で、「知識構成型ジグソー法」授業のエキスパート活動やジグソー活動中のグループの真ん中に四方向が映るビデオを置いて、テレビ会議システムを介して「新しい学びプロジェクト」の参加団体に授業を配信しはじめています。

ビデオが（教師の板書などでなく）児童・生徒側にあるだけに、遠く離れたところから視聴していても、先生や他グループの説明がどれだけ速かったり、仲間の言い直しがどれだけ助けになったりするかなどを実感できます。

さらに、どこでどの子どもが何と言って、それをどう解釈できるかをチャットできるので（物理的な教室では邪魔になってできないような）見とりの議論がリアルタイムでできます。授業後には、授業者にそのチャットをお渡しできるので、即興の授業記録にもなります（教職大学院生にお手伝いしてもらえると、勉強の機会にもなりそうです）。

テクノロジーの先端性は低くても、授業研究に埋め込めばこれだけ副産物の大きな使い方ができます。教育行政関係者同士の対話から生まれた創造例だと言ってよいでしょう。

〈注㉒〉『読売新聞』「議論の活発さＡＩで把握」教育ルネサンス（２０１９年12月７日）

＊

子どもの対話を引き出す先生方も対話で学ぶ。先生方の対話を支える教育行政関係者や研究者も対話で学ぶ。そして対話から創造が生まれる。

そのために、「指導し指導される」という関係でも、めいめい自由にのびのびやるのでもなく、**話題を絞って「この問いについて考えてみよう」と決めることが、逆に互いの考え方の違いをあらわにし、各自の考えが深めやすく、「対話力」を最も活かす**のではないかと考えています。これはちょうどパッケージ化アプローチとビジョン提示アプローチの間をねらうことと似ています。

それに加えて、私たち人間には対話から学ぶという強みがあります。

対話をデータにして振り返ると、仕掛けた問いやデザインの良否が検証できる──抽象的・理論的なビジョンと具体的・実践的な教材・授業デザインとが「対話」を介して結びつけられる。授業研究をそのためのものとして位置づけ直す。それによって学習者観・学習観の漸進的な変革の可能性、すなわち、学び手の「対話から学ぶ力」をもっと信じ、もっと引き出せるようになっていく道筋が見えてきています。

「新しい学びプロジェクト」の参加団体には、決して有利な条件がそろっているわけではない市町も含まれます。それでもこのような教育を繰り返していけば、学校を離れても「自分の考えを言いたい」「仲間の考えも聞きたい」「違う考えも一緒にしてもっとよくしたい」という若者が増えていくのではないか。そのとき、良質な対話には良質な問いが要りますので、学校でプロである先生から見せてもらった問いも例に、自分たちで解きがいのある社会の問いを見つけていくのではないか。そして、地域全体が学び合うコミュニティとして育っていくのではないか。そんな期待を抱いています。

そのようにして仲間を増やし、社会全体のポテンシャルを引き出し、私たち自身も学びを深めていくことを、これからも続けていきたいと願います。

あとがき

このあとがきを書いている2020年3月現在、新型コロナウィルス感染症（COVID-19）が世界を席捲しています。

日本でもテレワークや休校の対策が取られたことで、私たちは人との何気ない会話がどれほど心の栄養となっていたかを実感したのではないでしょうか。家にいる児童・生徒のために、たくさんの心ある動画や教材の提供も行われましたが、それらは逆に、学校教育や公教育の本質がどこにあるか、どこになければならないかを明らかにしてくれたように思います。その本質とは、**知的対話―ことばとモノ、体を使ったインタラクション―**です。

おしゃべりからギアチェンジして、「この問題を解くぞ」となったときに、目前の教材に頭を寄せ合って、ことばだけでなく、からだも使って考えを出すので、お互いの考えの違いに気づきやすくなる。そして、その違いを楽しみ活かすことで、自分の考えを深め、教えられたことを超えていく。子どもたちがそんな知的対話を繰り返すことで、大人が伝えたい内容を学ぶとともに、「対話の場につく準備をすること」（三宅、2015

年）が学校教育の役割でしょう。

「準備」ですので、学校にいる間はたくさん失敗して、共感を得たり違和感を覚えたりを繰り返しながら、粘り強く対話を続けていく基礎を身につければよいのです。それを通して、一人ひとりが自分なりの見方や考え方を身につけ、人の顔が違っていないと互いを見分けられないように、一人ひとり互いに見分けられるような多様で個性的な「考え」を持てるようになれば、学校教育としては大成功と言えるのではないでしょうか。

本書で紹介した東京大学CoREFの取組は、1冊の本では紹介しきれないたくさんの自治体、学校、先生方の努力に支えられています。私が代弁するより、機会があれば自分のことばで語りたい、授業も見てほしいという先生が大勢います。「新しい学びプロジェクト」や「未来を拓く『学び』プロジェクト」の案内、活動報告書、ハンドブック等はすべてCoREFのホームページから見ることができますので、読者のみなさまもぜひご覧になって、対話の場に加わってくだされば幸いです。

子どもたちや先生方を支えるための、一つの教育委員会を超えたネットワーク構築をご支援いただいた東京大学・文部科学省・日本産学フォーラムに改めて感謝します。また、設立初期からかかわってきたCoREFの齊藤萌木さん・飯窪真也さん（本書で扱った事例やその分析は二人の仕事をそのまま使わせていただいた部分も多い）、たくさんのスタッフにも感謝します。白水は、４月より東京大学から国立教育政策研究所に異動しますが、ネットワークの仲間とともに新しい学術研究領域を切り拓いていきたいと考えています。

本書は、まだたくさんの課題を残したままです。テストとどうつき合うか、問題を解くだけでなく見つける力（疑問を出す力）を測ることができるのか、前向きな学びのためにＩＣＴや評価をどう使えばよいのか、個別最適化を子どもの分断でなく、対話の充実につなげていくにはどうすればよいのか、教育はいかに幸せにつながるか。こうした問題は簡単ではないからこそ、対話によって関係者とともに解いていくしかないでしょう。**人間は対話で生き延びてきた存在**なのかもしれません。だから、話そう。その倍くらい、聞こう。それをモットーに、今後も質の高い対話の輪を広げていきたいと思います。

最後に、本当に辛抱強く私の想いを本にできるよう励まし続けてくださった東洋館出版社の高木聡さんにお礼を言います。ありがとうございました。

２０２０年３月吉日　白水 始

白水 始（しろうず・はじめ）

国立教育政策研究所総括研究官
東京大学客員教授

1970年生、1993年東京大学卒業。2004年中京大学認知科学博士。中京大学情報科学部講師、国立教育政策研究所総括研究官、東京大学大学発教育支援コンソーシアム推進機構機構長・高大接続研究開発センター教授等を経て、国立教育政策研究所初等中等教育研究部総括研究官兼東京大学客員教授。

専門は学習科学・認知科学。中京大学で故三宅なほみ氏と共に大学生対象の協調学習実践、国立教育政策研究所で学習科学に基づく教育政策基盤研究を展開後、東京大学で小中高生対象の協調学習実践を全国の先生方と進める。今後の教育のための授業法・評価・ICT活用・教師支援研究を一体的に進める。

【主な著書】『資質・能力［理論編］』東洋館出版社、2016年など。

対話力

2020（令和2）年4月10日　初版第1刷発行
2023（令和5）年8月21日　初版第4刷発行

著　者　白水始
発行者　錦織圭之介
発行所　株式会社　東洋館出版社
〒101-0054　東京都千代田区神田錦町2丁目9番1号
コンフォール安田ビル2階
代　表　電話 03-6778-4343／FAX 03-5281-8091
営業部　電話 03-6778-7278／FAX 03-5281-8092
振替　00180-7-96823
URL　https://www.toyokan.co.jp
装　幀　中濱健治
印刷・製本　藤原印刷株式会社

ISBN978-4-491-03672-4　Printed in Japan